伝説のキャバ嬢が
女の子を大改革

「秒で変われる」50のルール

AbemaTV「GX」製作委員会

50 rules for
the Girls Transformation

イースト・プレス

伝説のキャバ嬢が
女の子を大改革

「秒で変われる」50のルール

from
GX
Girls Transformation

AbemaTV「GX」製作委員会

イースト・プレス

Staff

BOOK DESIGN　藤崎キョーコ

企画協力　潮凪洋介（HEARTLAND Inc）
執筆協力　有留もと子

制作協力　水谷祐太、小野田海道（AbemaTV）
雨海祐介（博報堂ケトル）
藤本将晃（博報堂DYメディアパートナーズ）

Prologue
はじめに

自分のことが好きじゃない
変わりたいと思うけれど、どこからどう変わればいいのかわからない
無難な自分に飽き飽きしている
ダイエットに挫折し続けている
とにかく売れたい、売れるようになりたい
いじめられていた過去がある、もしくは今いじめられている
今、仕事をしていない
他人と自分を比べて落ち込む
過去に傷つけられた相手に仕返しをしたい
続けることが苦手
真剣に叶えたい夢がある
どうせ努力するならコスパよく努力したい
自分の人生、こんなもんじゃないと思っている
ナンバーワンになりたい

1つでも心当たりがあるなら、ぜひこの本を読み進めてほしい。
あなたの未来につながることが必ず見つかるはず。

新しい未来のテレビ「ＡＢＥＭＡ（アベマ）」で記録的なヒット番組が誕生しました。

２０２１年6月24日より、全10回にわたって放送されました。自信が持てない女性たちが目標に向かって生まれ変わっていく様を追いかけるドキュメンタリー番組。それが、『ＧＸ―伝説のキャバ嬢が女の子を大改革―』。

「ＧＸ」とは「Girls Transformation」の略で、カリスマキャバ嬢の実績を持ち、現在は実業家としても活躍している3人の女性（ミューズ）が、悩める女子の内面と外見をそれぞれプロデュースするという、全10回のドキュメンタリー。

番組放送開始直後から予想をはるかに超える女子の支持を集め、なんと再生回数１０００万回超えという驚異の数字を叩き出したのです。

なぜ女子たちが『ＧＸ』にこれほど夢中になったのでしょう？

それはカリスマキャバ嬢たちの実体験に基づく、厳しくて熱いメッセージが、見ている女子たちの心に刺さりまくったから。

番組では3人のスペシャルな女性がプロデュース。

１人目はエンリケ。

名古屋・錦で時給26万円、生涯年収は12億円ともいわれ、２０１９年の引退式では4日間で5億円を売り上げた日本一稼げるキャバ嬢。現在は再びキャバ嬢に戻るとともに実業家としても活躍中。

2人目は元歌舞伎町の伝説の〝嬢王〟、愛沢えみり。20歳で新宿歌舞伎町のキャバ嬢となり、10年間ナンバーワンとして走り続けて2019年の引退イベントでは2日間で2億5000万円の売り上げに。引退後の現在はアパレル会社経営などを手掛け、年商約30億円と実業家としても成功。

そして、一条響。

新宿歌舞伎町ナンバーワンキャバ嬢で、現在はFourty FIVEでディレクター件キャストとして活躍。年間7億円を売り上げ、イベントでは1日4千万円は当たり前という売り上げモンスターキャバ嬢と呼ばれている。

番組ではプロデュースされる女性を「ヒロイン」と呼び、変わりたい女性100名以上をオーディションし、選出された3名をミューズにプロデュースしてもらうことに。

ミューズたちは今でこそ「カリスマ」と呼ばれるまでになったけれど、キャバ嬢を始めたころは、ヒロインたちと同じようにいまひとつ売れない、目立たない存在でした。

「キャバクラ」という、一筋縄ではいかない世界に、20歳そこそこで飛び込んだミューズたち。

たくさんの嘘も裏切りも経験したでしょう。

数々の挫折や傷心、悔しくて眠れない日々もあったはず。

自信喪失して「キャバ嬢には向いていないのかな」なんて考えたかも。

だけど彼女たちは諦めず、粘り強く時間をかけて見事にナンバーワンの座をつかみ、キャバ嬢から実業家へと転身し、さらに充実した人生を送っています。


そう。

かつてのミューズたちの姿は、「変わりたいのに変われない」ともがくヒロインたちの姿であり、今のあなたの姿でもあるのです。

ということは、こうも言えるのではないでしょうか。

今のミューズたちは未来のあなたの姿でもある、と。


この本で取り上げた珠玉の言葉は、すべてＡＢＥＭＡの『ＧＸ』の中で３人のミューズが語ったもの。番組を見ていない人のために、プロデューサーの立場から解釈を加えてお伝えしています。

６章の構成ですが、１章から順番に読んでも、気になる章や言葉から読み始めても構いません。

ぜひ何度も読んで、ミューズたちの言葉に気づいてください。落ち込んでください。励まされてください。そしてあなたの心に火を灯してください。

今読んでピンとこなかった言葉も、時間がたてば「こういうことだったのか！」と腑に落ちる瞬間があるはずです。

私たちは一秒で生まれ変われる。

ミューズたちの言葉を糧にして、あなたの人生は今、この瞬間から動き出すのです。

2023年8月

AbemaTV「GX」製作委員会

CONTENTS

CHAPTER 01

人は変わろうと思えば「秒」で変われる

目次

CHAPTER 02
「見た目」は一番初めにチェンジできる

CHAPTER 03 自分を知ることで相手を知ることができる

CHAPTER 04 「お豆腐メンタル」の鍛え直し

CHAPTER 05
トップを目指すために

CHAPTER 06
エンリケ、えみり、響の「愛の鞭」

目次

Emiri Aizawa Interview

日々の小さな積み重ねが3年後の新しい自分を連れてくる

愛沢えみり

比較するなら他人ではなく過去の自分と

――えみりさんが「キャバクラ」という世界でトップに上り詰められた理由とは？

私の性格が負けずぎらいなのと、当時はまだ若くてエネルギーがあったのも良かったのかなと思っています。キャバ嬢の仕事は、自分が頑張ったことや努力したことが結果につながるし、もしつながらなかったとしても何かしら成長できると気づいたら、頑張ることがすごく楽しくなりました。だから成功できたのかもしれません。

――えみりさんのように「努力することが楽しい」と心の底から思えたらいいのですが、現実的にはなかなか難しそうです……。

何をもって成功とするのかがよくわからないから、つい他人と比較してしまいますよね。でも私は過去の自分とさえ比べれば、必ず成長がわかると思っています。だから常に自分

の過去と現在と比べて「これだけ成長したな」と意識的に取り組む感じです（笑）
普段の生活の中では自分が成長していることに気づかないし、そもそもほめられることも滅多にないからときどき振り返るといいですよ。「自分はこれだけ頑張っているから、成長したな」「これだけ努力しているから、きっと何かの役に立つはず」など、自分の中で納得できるようになったら、きっとすごく楽しくなります。
だけどそういうことってなかなか誰かに教えてもらえないんですよね。私はたまたまキャバクラで働いて、教えてくれる人に出会えました。『GX』では今度は私が教える立場になれたらいいなと思って、ヒロインのプロデュースを引き受けたんです。

――自分が成長していることってどうやったら実感できるのでしょうか。

たとえばInstagramは、過去の自分が何をどんなふうに発信していたのかを残せます。写真や動画は自分の気持ちと一体化している部分があるので、後から見直して振り返るのに役立ちます。「SNSは承認欲求を満たすためにやるもの」というイメージを持つ人が多いと思いますが、自分の成長日記的にも使えますよ。
私の場合はブログでした。ブログを書いていると自分の気持ちが整理されるし、後から振り返ったときに「あのときこんなことで悩んでいたけれど、今は悩みのスケールがもっと大きくなったな」「ちゃんと乗り越えられているな」など、あちこちに成長の跡が見られます。当初は若くて何も考えずに書きはじめたブログでしたが、文章で残すのは意外といいんじゃないかなって思います。

まわりから人がいなくなって気づいたこと

――売れるキャバ嬢と売れないキャバ嬢って、どこが違うのでしょうか。

自己投資、気持ちの強さ、体調管理の3つかなと思います。

自己投資とは、自分にお金と時間をかけることです。自分が商品だと考えたら、見た目から持ち物、SNSに至るまで、すべてに投資するべきです。こういうことを面倒くさいとかもったいないと思わずに自己投資をしたら、ちゃんとリターンがあります。

メンタルに関しては、自分に負けない気持ちの強さが必要です。一緒にいるお友だちが「別に頑張らなくてもいいや」という子だったらそちらに引っ張られてしまうので、まわりに誰を置くか、誰と付き合うかもメンタル管理の1つとして自分でコントロールできるかどうかが大事です。前向きな人をそばに置いている子は売れると思うし、本人もラクだと思います。

また、そもそも体調が悪いと出勤できないので売り上げも立てられません。体形の維持や出勤時間を守ることも含めて、地味だけど体調管理は基本ですね。

——えみりさんの人生を変えたターニングポイントは？

会社を始めたことです。私はキャバ嬢しか経験がなかったので、「お昼の仕事をやってみたいな」「アパレルの会社に挑戦してみたいな」という素朴な願いからスタートして、結果的に会社を作りました。

でも、いざ起業してみたら大変なことがたくさんありました。なにしろ人が辞めていくという、決定的なことを経験して「ああ、もうこれは自分が変わらなければいけないな」、と。

——えええー？　本当ですか？　信じられません。

本当です。（笑）もう、みんな辞めていきましたね。毎週金曜日になると「また誰かいなくなるだろうな……」みたいな。そして実際に誰かいなくなっているんですよ。

——どういう理由でスタッフが辞めていったのですか？

端的に言えば、仕事に対する熱量の違いです。私は「仕事は頑張ったほうが幸せだし、仕事なんだから頑張るべきだ」と、どこか押し付けている部分があったのかもしれません。でも、みんなが私と同じ価値観ではないし、熱量も違います。人によって幸せは違うということを、まだ若かった私は理解できていなかったんですよね。目の前の人たちがいなくなって、そのことにようやく気づけました。

もし起業していなかったら、何も変わらないまま30代に突入していたかもしれません。

みなさんも「自分が起業している」と思って生活してみたら、出来事のすべてが全部自分の責任だと思えて、マインドだけでも変わりますよ。

今が一番、仕事もしやすいですし、一緒に頑張ってくれる人も求人で来てくれるようになりました。でも、ここまで来るのに10年かかっています。元キャバ嬢ということでちやほやされましたし、私自身が勘違いをしている部分もあって最初は大変でした。

私は10代のころにあまり努力をしていなかったから時間がかかりましたけれど、それこそ若い読者の方で学生時代に努力してきた経験があるなら、こんなに時間はかからないと思います。やっぱり若いときに、勉強や部活などでどれだけ努力してきたかって、大事だと思いますね。

——壁にぶち当たったときは、どうしていたんですか？

まず頑張ろうとしている自分を1回ほめる。とりあえず「自分最高！」と思います。次にうまくいっている人に相談します。ここは行動力が必要で、ちゃんとうまくいっている人を探して相談すること。それ以外の人には相談しない方がいいと思います。最後に相談してどうするかは、自分の人生だから自分で決めます。そこからは、もう努力するのみ。このステップを踏むと、ちゃんと自分で決めたことだから頑張れるし、仮にうまくいかなかったとしても相談相手が悪いなんて思わないんですよ。

でも、みなさん、頑張っていると思います。自分に厳しくしすぎても、かえって続かなくなるので、そのあたりのバランスも重要です。

自分よりも「相手ファースト」でファンを増やそう

——えみりさんはコミュニケーションでどんなことを意識されていますか？

キャバ嬢時代に学んだこととして、3つあります。

1つは「自分よりも相手ファーストになる」こと。自分が言いたいことよりも、相手が何を考えているのか、何にメリットを感じるのかなどを考え「指名がほしい」という感じを出すのではなく、その場を楽しんだり、相手をよく見るようにしています。また、自分の気分や体調は相手には関係ないので、人に会うときには笑顔で姿勢よく。相手が何を思っているか、何を言ってほしいのかを最初に考えて、自分が笑顔でにこっとしていたら、基本的にイヤな感じに思われません。

次に相手をよく観察することで「相手ファースト」にもつながります。身につけているものはその人を雄弁に語ります。ですからお客様の持ち物や洋服をよく見て「こうは言っているけれど、本心はこうだろうな」などと推測したりします。言葉を額面通りに受け入れるだけではうまくいかないこともありますから。こんなふうに観察を積み重ねてきたら、カンがすごく良くなりました。その人のたたずまいや口ぶりで「こういうことが言いたいんだな」とだいたいわかるようになります。

そして大事なのが初対面の印象と帰り際です。初対面の印象が悪いとなかなかリカバーできないし、どんなにいい話ができても帰り際が慌ただしいと印象が悪くなってしまいます。ですから人と別れるときはお見送りをきれいにすること。最初と最後が肝心です。

——最後に読者にメッセージをお願いします！

変わろうと思うのも自分だし、変わりたいと思うのも自分。全部自分次第です。でもいきなり変われるなんてことは絶対にないので、努力すること、時間をかけて変わろうとすることを続けてください。過去の自分と比べながら、コツコツと小さく積み上げていく。それが変わっていくことだと思います。

逆に、いきなり変わると簡単に崩れてしまい、結局は変われていないのと同じことです。日々の積み重ねで少しずつ成長する自分を意識的に喜んで励ましながら、1年後、3年後の自分を楽しみにしつつ、続けてくださいね！

Hibiki Ichijyo Interview

ゆっくりと自分のペースで憧れに近づいていけばいい

一条響

苦痛だった出勤もルーティンにしてしまえばなんてことはない

――響さんの駆け出し時代を教えてください。

私はラッキーガールなんです。たとえば道を歩いていて「君はどこのお店？」と声をかけてきた人が本当に来店してくださったというようなことが、まだＳＮＳが普及する前から何度かありました。「どうしたらシャンパンを頼んでもらえますか？」「どうしたらお客様がずっと来てくれますか？」という質問をよくいただくのですが、最初からそんなにすごく頑張っていたという記憶はないです。

そもそもキャバ嬢になったのも「暇な時間をお金に変えよう」くらいの単純な理由です。有名になりたかったわけでもないし、まさか10年もキャバ嬢をやるなんて想像もしていませんでした。今ほど自己プロデュースもしていなかったから、駆け出し時代に自慢できるような話がないんですよ。

――そこから歌舞伎町でナンバーワンキャバ嬢にのし上がっていくのですから、すごいと思います！

私は元々すごく怠け者で毎日出勤することが非常に苦痛でした。キャバ嬢は個人事業主なので、いくら休んでもまわりから「出勤しなよ」「売り上げを上げなよ」などと言われたりしません。私は自分の家が大好きで、1週間くらい休むとずっと家に閉じこもり、次にスイッチを入れるのに1か月ぐらいかかってしまいます。ただ、「このままじゃダメだな」というのが自分の中であったんでしょうね。とにかく毎朝起きて、ご飯を食べてお風呂に入って、化粧をすることを続けていたら、いつのまにかそれがルーティンになり、毎日出勤できるようになりました。化粧をしたら仕事に行くしかないので（笑）

キャバクラではレースがあって、一度でも一位を取ると一位を取り続けたいという気持ちが芽生えて、そこから「何が何でも一位を取る！」という気持ちでやってきました。面倒くさがり屋のくせに負けずぎらいなんですよ。

今は「響ちゃんが座ったら絶対シャンパンが開くでしょ」と思われがちですが、以前は週に6日出勤して、お休みの日には5人のお客様と会ってランチして映画を見て、お茶して映画を見て、ディナーをして……という「店外」の活動を毎週していました。そういうことを頑張り出してから売れていきましたね。

自分の話はしない、人のうわさ話には乗らない、はっきりと断る

——響さん、「ラッキーガール」といいつつ努力を積み重ねてきたんですね。響さんの気持ちが変わったターニングポイントを教えてください。

六本木のお店で働いていたころに、東日本のエリアで入店6か月未満の女の子たち全員で売り上げを競うレースがあり、私が一位を取りました。そのとき私の担当になってくれた、ちょっとヤンキーっぽいボーイさんとの出会いが、ターニングポイントだったかもしれません。

ボーイさんはキャバ嬢にとってマネージャー的な存在です。そのボーイさんは私のモチベーションを上げてくれるのがとても上手でした。

私は追い込まれないと頑張れないタイプです。毎日上がってくる数字を見てボーイさんは「もっとお客さんを呼べ」と言うのではなく、「響、お前、前半頑張って今休憩か？」「レースが終わったらメシ行こうな」などと声をかけてくれました。多分「今が頑張りどきだと自分で気づけよ」という意味だったと思います。ただ単にレースで自分の実力で一位を取ったというよりもボーイさんと一緒に取ったという感覚が大きかったです。

――響さんには憧れの人や目指す人はいたんですか？

誰かに憧れることはなくて、人として腐らないように生きてきたらこうなっただけです。

――響さんが心がけているコミュニケーションとは？

1つは「口は禍《わざわい》の元」ということです。以前、お店の仲良しの子にちょっと個人情報を話したところ、翌日にはお店の人が全員知っていたことがありました。人間不信になってしまったし、やっぱり自分のプライベートは話すべきではないなと思いました。ですので、人と会話するときにあまり自分の話はしないようにして聞く側に徹しています。

2つめは、人のうわさ話には乗らないこと。「誰々ちゃんってこうだよね」という話に「そうだね」と同意するだけで「響ちゃんがこう言ってたよ」となってしまいます。だから人の悪口が出たらその場から幽霊のようにスッと消えますね。

そして変に期待を持たせないこと。興味のないことや自分にしてほしくないことに対しては、お客様にもはっきりとお断りをします。自分に嘘をつくぐらいなら最初から「ノー」と言う方がいいかなと思います。

メンタルをコントロールできれば「最強」になれる

――響さんは「メンタル最強！」と言われていますが、落ち込んだりはしないんですか？

いえ、私だってもちろん落ち込みますよ。かつてはお客様がスタッフに理不尽な対応をされたときに感情のままに怒りをあらわにすることもありました。

落ち込んだり、気持ちが荒れたりしたときは、いったん切り替える意味で睡眠を取ります。寝て起きると気持ち的にスッキリしますから。あとは自分の好きなことに没頭する。私はゲームが好きなので24時間ぶっ通しでやることもあります(笑)ゲームが終わったら「あれ？　私は何に悩んでいたんだっけ？」とイヤなことが消えています。マンガが好きな人だったら1日中マンガを読みふけってもいいんですよ。

こうやってメンタルを自分でコントロールができるようになってから「最強」と呼ばれるようになりました。

売れないキャバ嬢は、お客様が来ない、売り上げが上がっていない、同伴が決まっていないなどと言っては、体調が悪くなったり、気まずくなったりしてお店を休みがちです。でも、そういうのは別に気にする必要はありません。お店に来ればフリーでテーブルにつけて、そこからお客様をつかめる可能性だってあります。休んでいたらそんなチャンスさえつかめないですから。

――最後に「変わりたいのに変われない」という人にアドバイスをお願いします。

無理に変わる必要はないし、勇気を出して一歩踏み出せ！　とも私は思いません。もし自分がこうなりたいという理想像ができたときに、その人に近づくには自分に何が足りないのかを考えてみてください。

私たちは人間だし、元々の性格もあるから、まるっきり変わることは多分無理だと思います。だからゆっくりと自分のペースで、自分のタイミングで、憧れや理想が芽生えたときに変わっていけばいいのではないでしょうか。

CHAPTER 01

人は
変わろうと
思えば
「秒」で変われる

失った自信を取り戻すとすべてがうまくいく

「深い谷」が「最強の自信」を連れてくる

Hibiki
響

外見コンプレックスを抱えるヒロインへ、響が贈った言葉。


本気で好きだった人に失恋した。

一生懸命勉強したのに試験に失敗した。

他人からの心ない言葉に傷ついた。

信じていた人に裏切られた……。

人生のどん底に落ちたとき、あなたはどうする?

早く過去を忘れたくて、友だちに愚痴ったり、アフタヌーンティーに行ったり、ショッピングをしたり。仕事や趣味に没頭する人もいるかもしれないね。

でも、中途半端な落ち方で浮上しようとするからいつまでも吹っ切れない。

一度深い谷に落ちたなら、ちゃんと底まで落ち切ることが大事。

まずはあなたの悲しみや苦しみに時間をかけて向き合ってほしい。

なぜ傷ついているのか。何がつらかったのか。自分と対話しながら、分析してみて。

そのとき、ダメだったことだけではなく、自分ができていることや頑張ったこともちゃんと認めてあげるのがポイント。**自分と対話をするときは、考えたり感じたりするだけだとどんどん消えていってしまうので、ぜったいに言葉にして残そう。**

お気に入りのノートに書いてもいいし、スマホにメモをしてもいい。

すると自分の中にあるたくさんの感情や、傷ついている理由がわかるから。自分と自分を取り巻く世界もだんだん見えてくるよ。

誰かを憎んだり、忘れたいと思うのは、あなたがそれだけ真剣だったから。

やさしい心を持っていたから。一生懸命生きていたから。

深い谷に潜っていくと、かけがえのない自分に出会える。

その自分が、自信を連れてきてくれる。

自信とは、痛みや苦しみを通過した人が手にできる、ご褒美みたいなもの。

そんな意味も、響の言葉には込められているのかも。

自分しか持っていない良さが絶対ある

強みは〝たった1つ〟だけ伸ばせばいい

Emiri
えみり

自分のすべてが「きらい」だったヒロインの元々の美しさを見抜き、彼女の魅力を引き立たせる一着を選んだえみりの言葉。

楽しそうな女子旅や、素敵なパートナーとのラブラブな時間。ラグジュアリーなホテルでのアフタヌーンティー……。

SNSのキラキラした世界にくらべて、自分の毎日なんてつまらないな……。

こうした〝SNSを見て勝手に落ち込む病〟は、老若男女を問わずSNSをやっている人ならほぼ全員が感染していると言ってもいいくらい、まん延している。

人々をつなぎ、新しい可能性を拓くツールであるはずのSNSには、こんな副作用もあるんだよね。

でもＳＮＳはキラキラの瞬間だけを切り取って見せている、いわば〝劇場〟。実際のところ、インフルエンサーたちも、自分よりもっとフォロワー数の多い人気者を見て焦ったりしているんだよ。

では、どうしたらこの病から抜け出せる？

ちょっと思い出してみてほしい。

今まで誰かにほめられたことはない？

学校の成績や偏差値、資格試験の難しさじゃなく、点数化・数値化できないもの。数字に置き換えられるものだと「上には上がいる」とまた比べちゃう。数値化できないものは比較のしようがなく、絶対的。

たとえば友人や家族に「その笑顔が好き！」「あなたがいると場が明るくなるよ」「あなただとつい話しちゃう」などと言われたことはない？

それこそがあなただけの強み。これからは意識的に発揮していこう。

えみりは、「自分の強みを信じられるようになると、ＳＮＳのキラキラになんか一喜一憂しなくなるよ」と伝えたかったんじゃないかな。

つらい経験をしている人は成長できる

「最悪」が未来への「ジェット燃料」になる

Enrike
エンリケ

伸び悩んでいたヒロインが、エンリケの本の中に見つけた言葉。


クラスメイトから悪口を言われていた。

なかなか友だちができなかった。

人の目を見て話せなかった。

自分の容姿をからかわれた……。

あなたが今、自信を持てずにいるのは、サイアクの経験が忘れられないからかも。

でも、「これを乗り越えなければ生きていけない」というほどのつらい過去こそ、あなたを新しく生まれ変わらせるステップボード。どうか目を背けずに立ち向かってほしい。

トップモデルとして世界的に活躍している冨永愛さんは、17歳でモデルとしてデビューして以来、神々しいまでの美しさで称賛を浴び続け女優としても注目されてる。

でも、彼女は壮絶な幼少期を送っていたんだ。

両親が離婚し、小学校では身長が高いことなどでいじめを受け、中学時代からは容姿コンプレックスに悩んでいたそう。たまたまモデルの道に入り、ようやく自分を生かせる世界を見つけたと思いきや、海外に行けば「アジア人だから」と偏見や差別に晒されていたんだ。それでも彼女は「モデルとして生きるしかない」と必死で自分を磨き、今の地位を築いていった。サイアクの中、生き延びるためにした努力が、自分を思いがけず輝かしい未来につれていってくれたんだね。

別に、誰かを憎んでも恨んでもいい。

でも、**すべての問題を他人のせいにしないでほしい**。他人が変わらない限り、あなたの世界が変わらないことになってしまうから。

魅力的な女性は全員這い上がってきた人たち。

傷ついた分だけ、泣いた分だけ深みが増していく。

エンリケの言葉には、つらい経験をしたあなたへの応援が込められているんだよ。

一番大事なのはヤル気があるかないか

伸びしろは、自分次第で無限大

Enrike
エンリケ

やるべきことをちゃんとやっていなかったヒロインに対して、エンリケが伝えた言葉。

変わっていく女性と変われない女性の違いはどこにあるんだろう。

運？　才能？　性格？

一番の違いは、自分の中に眠っている「こうなりたい」という可能性に気づけたかどうか。その可能性を信じられたかどうか。

でも、多くの女性は、「どうせ私なんか」とすぐに諦めてしまう。

失敗して自分にがっかりしたくないんだよね。

つまり、失敗することを前提に「やめておこう」と考えているわけ。

それって、自分を見くびっていることにならないかな？　あなたの可能性を育てていけるのはあなたしかいない。変わりたいならそのことをしっかりと自覚してほしい。

同時に身の回りの環境の見直しも必要になってくる。

あなたの可能性を制限する人がそばにいないかな？

家族や友だちやパートナーは、あなたが夢を語ったときにどんな反応を示すかな？

真剣に取り合ってくれなかったり、「そんなのムリだよ」と言ったりする場合は、思い切って切り離してもいいかもしれない。

身近な存在であればあるほど、今の心地良い関係を維持したいため、あなたが変わることをストップすることも。

しかし情に流されるのは禁物。ここは悪い女、イヤな女になりきって、相手を切り離してみて。あからさまに離れるのが難しい場合は、ちょっとずつ距離を置いて関係性を薄めていけばＯＫ。

人間関係だけでなく、気乗りのしない飲み会、ダラダラ見ていた動画、コンビニでの無駄遣い、ほとんど利用していないサブスクも全部切り離してみよう。

そこで生まれた**「余白」に入ってきた新しいものが、あなたの未来につながる**はず。

1か月あったら人って結構変われる

1か月は人の「生まれ変わりの単位」

Emiri
えみり

変わりつつあるヒロインを見て、えみりが発した言葉。

新しい年になるときなどにノートに書きだす「今年の目標」。張り切ってたくさん目標を立てても、年末には1つか2つくらいしか達成できなかった人が多いかも。そもそも自分がどんな目標を立てたのか、すっかり忘れていたという人もいるかもしれないね。

1年って短いようで意外と長い。私たちにとって目標達成が難しいのは、むしろ時間が長すぎるからじゃないかな。

じゃあ、目標達成のためはどれくらいのスパンで取り組めばいいんだろう？

モチベーションが途切れず、自分の姿もイメージできて、ある程度変化を実感できる時間としては、1か月が最適。

考えてみれば私たちの肌のターンオーバーは年齢や肌の状態にもよるけど約30日だし、1年は1か月が12個集まってできているよね。

1か月はもしかしたら「生まれ変わりの単位」なのかも。

もし1か月後に同窓会があったとしたら、あなたはどう過ごす？

たとえば、当時好きだった人や、意地悪をされた友だちに会う予定ができたとしよう。昔と変わった自分を見せるためにダイエットに取り組む？　徹底的にスキンケアやヘアケアをして肌や髪をピカピカにする？　新しい洋服を買ったり、美容院にも行ったりするよね。1か月間、頑張り切ることができたなら、もう以前のあなたではありません。新しいあなたで、イベントを楽しんでほしい。

「1か月後に特にイベントがない」という人は、自分で設定しちゃおう。リアルの飲み会でもいいし、資格試験を目指すのもおすすめ。

毎月目標を変えていけば、1年で12個の目標を達成できることになっちゃう。

えみりは、ヒロインの完成形の姿がイメージできていたそう。

あなたも自分の1か月後をイメージしながら、日々取り組めたらベストだね。

人は働くことで大きく変われる

「役立っている自覚」がオーラをつくる

えみり

「以前会社でイヤなことがあって心が折れ、それから働くのが怖くなった」というヒロインに、えみりはこんな言葉を投げかけた。

人は、その仕事にあったキャラクターに変わっていく。

ミューズたちのようなキャバ嬢はお客様をおもてなしすることが仕事だから、自然と相手を楽しませたり、喜ばせたり、心地よくさせるのが得意になってくる。

引っ込み思案や口下手だった人も営業職に就けば、だんだんと相手を説得できるよう話し方になっていく。教師やインストラクターなど教える仕事をする人は説明が上手になるし、研究開発の分野で仕事をする人は普段からデータを分析してロジカルに考えるようになる。

これは人の脳や体が新しい行動の繰り返しによって特徴的なパターンを覚え、キャラクターをつくっていくから。本を読むより、人の話を聞くより、**行動の積み重ねによって人は変わっていく**。

仕事のメリットはまだあるよ。そもそも仕事は、誰かの役に立つからお金がもらえる。さらに自分がやったことに対して感謝されると、お金をもらう以上の喜びがある。すると自信がつくし、「もっと頑張ろう」と思えちゃう。

あなたもぜひ感謝の言葉を浴びてみて。

「ありがとう」

「あなたにお願いして良かった」

「心が安らぎました」

どう？　自信がわいてこない？

その自信がオーラとなってあなたの魅力を輝かせ、ますます人から求められるようになっていくよ。

真剣に仕事に向き合えば向き合うほど、人はどんどん素敵に変わっていくことを、えみりは伝えたかったんだね。

人は変わろうと思えば「秒」で変われる

毎秒毎秒、一秒前の自分とサヨナラしてみて

エンリケ

Enrike

どうしても現状維持ばかり考えてしまうヒロインを「昔の自分を見ているようだ」とエンリケは言い、こんな言葉で励ました。

もっとスリムで小顔だったらいいのに。
もっと異性と積極的に話せたらいいのに。
あの子みたいに、歌やダンスがうまかったらいいのに。
こんな悩みを持つのは、あなただけじゃない。
何も努力しないうちから諦めてしまう人も、あなただけではない。
でも、断言するね。**人は変わろうと思えば「秒」で変われる**と。

心に火がついた瞬間、１秒前の自分とはサヨナラ。

そう。大切なのは「自分の心に火をつけること」。

一度**自分の心に強い感情が生まれれば、「今まで無理」だと思っていたことが普通にできるようになる。**技術の低さや経験不足なんか、関係ない。

人が「どうせ自分なんか変われない」と思うようになったきっかけはなんだろう？

悔しい経験の中にこそ、人生を変えるボタンがある。

うまくいかなくて悔しかった。人に迷惑をかけて恥ずかしかった。

傷ついたり悲しんだりした感情を、静かに抱きしめてほしい。

じっくり噛み締めて、涙の味を感じてほしい。

そうするうちに、魂をえぐる感情がわきあがる。

「変わりたい!!」

あなたの人生は、そこからゆっくりと変わってゆく。

「変われない」と思い込んでいた自分の殻はこうして、誰でも壊すことができる。

さあ、次はあなたの番。

エンリケの言葉をお守りにして、心に火をつけよう。

努力しただけ自信につながる

自信＝「頑張れた自分」と出会った数

Hibiki
響

響が、自分の過去を振り返ってこうつぶやいた。


1日の終わりに、「ああ、今日は何もしなかったなあ」と落ち込んだりしていない？

解決しない問題をもんもんと悩む。楽しいわけでもないのに友だちとグダグダと話している。そんな何も生み出さない時間を、誰もが多かれ少なかれ過ごしている。

けれど、そんな時間が多すぎると、だんだん自信がなくなっていくんだよね。

なぜ自信を失っていくんだろう？

それは、頑張っていない自分と向き合い続けているから。

なんだかんだ言って、私たちは頑張っている自分が好き。

頑張るとは、努力する時間のこと。あるいは没頭する時間、何かを創造する時間、未来への階段を上っている時間とも言える。

人間って、たとえすぐに結果が出なくても、何かに努力できること自体に幸せを感じる生き物。

あなたは今日、頑張れた時間がどれくらいあったかな？　特別なことじゃなくてもいい。**頑張ったことは目に見えてわかるようにするのがコツ**。カレンダーやスケジュール帳に書き込んだりシールを貼ったりするといいよ。

ときどき見直すと「私はこれだけ積み重ねてきた」という自信の源になるから。

頑張ることは筋トレと同じで、頑張った分だけ自分が成長していく。そこに後悔はない。

ただし、**何に対して頑張るのかをちゃんと選ぶ**こと。

その努力を無駄にしないよう、自分と人を幸せにすることに時間を費やしてほしい。

この言葉には響のそんな願いも込められているんだよ。

結果が伴わない「負けずぎらい」はダサい

言葉でマウントしない、行動で自分にマウントしよう

Hibiki
響

「自分は負けずぎらい」と言う響。外見も中身も磨きぬいて結果を出してきた。

前向きに生きようと思っても、理不尽なことが多すぎて愚痴を言わずにいられない環境ももちろんあるよね。あなたが納得しているならそのままでいい。

だけど、やりたくないことを我慢してやり続けるほど、あなたの人生に時間の余裕はある？「自分の能力が低いからうまくいかないんだ……」と諦めていたのに、環境を変えたらうまくいった人はたくさんいるよ。

あなたが得意なことを発揮できるような環境を早く見つけるべきだし、見つけたならばもう環境のせいにはできない。

負けずぎらいになって全力で結果を出してほしい。

絶対に負けられない相手は、あなた自身。

ここで1つ試してほしいことがある。

まずは黙って行動して、結果が出たときに初めてまわりに報告するの。

「不言実行」という四字熟語を知っている？

「目標を口にしたり、あれこれうんちくを語ったりせず、黙ってするべきことをする」という意味。最近は「目標を宣言して結果を出す」という「有言実行」がよく使われてる。

確かに周囲の人に夢や目標を語ると、自分を追い込めるし、応援してもらいやすくなるよね。でも元々あったのは「不言実行」の方なんだ。

言葉にするのは簡単だけれど、**行動を積み重ねて結果を出すには本当に時間と労力がかかる。**だから、私たちはその人の言葉よりも行動に注目するし、行動を伴わない言葉を繰り返す人は信頼されなくなっていく。

言葉ではなく、行動で勝つ。

そんな響のような女性に、あなたもなってほしい。

CHAPTER

02

「見た目」は
一番初めに
チェンジできる

太っているなら痩せたらいい

動機はたった1つ、一番強烈なものがいい

Hibiki

響

「見た目も中身も、すべてが自己投資」と言い切る響が、ヒロインに自分をバージョンアップさせる方法について表した言葉。

なかなかダイエットに成功しないあなたに1つ、お願いをするね。
これまで太っていることであなたがどれだけのものを失うか、冷静に考えてみて。
好きな人に告白するチャンスを何回失うかな？
実ったはずの恋があったかもしれない。
センターで写れたはずの集合写真もあったかも。
着てみたかった洋服、いくつあったかな？

もし、自分の理想とするスタイルになれたら、性格も違い、遠慮せず、堂々としている、周囲から憧れのまなざしを向けられるような、そんな自分になっていたかもしれない。どうかな?

「もうイヤだ、今度こそ痩せてやる!」と思ったんじゃないかな?

その気持ちだけが、強烈なモチベーションになるから。

心が動かない動機を何百個並べても、目標達成につながる行動は生まれない。

逆に心が揺さぶられるような強い動機が1つあるだけで、困難は乗り越えていける。

人間は五感から情報を得ているけれど、視覚による認識は全体の80~90%近くと言われている。

ダイエットに成功したいなら、あなたの現状の写真と、憧れの女優やモデルの「痩せてこうなりたい」という目指すべき姿の写真を用意し、1日1回必ず見るようにして。

決まった時間にアラームを設定し、「アラームが鳴ったら絶対に見る!」というようにするとモチベーションを維持しやすくなる。

この方法は、ダイエットだけでなく、仕事などほかのことにもいくらでも応用できるよ。

心の火が消えない限り、あなたは進み続けていくから。

髪型・服装・メイクは一番初めに変えられる

私たちはたった1分で魅力的になれる

Emiri
えみり

いじめられたという過去に囚われているヒロインへ、「外見を変えることから一歩踏み出そう」という願いがこもったえみりの言葉。

痩せるのを待たなくても、女性はたったの1分で変身できる。
髪型、服装、メイクのどれかを変えるだけでいい。
前髪の分け目を変える。
明るい色の服を着る。
眉の形を変える。
それだけで印象がガラッと変わり、あなたの魅力がキラキラと輝きだす。

もっと変身したいなら、今すぐ街に出よう。

ショッピングはいつもネットで済ませていたり、自分の判断で買っているあなたも、あえてリアルの店舗に行きスタッフさんに全身のコーディネートをお願いしてみて。

プロの目で選んでもらった洋服はあなたの意外な魅力を引き出してくれる。

コスメカウンターで、新色のアイシャドウやリップを選んでもらってもいい。

1日の最後に美容院を予約しておくと、さらにカンペキ。

トータル数万円の投資で、新しいあなたに出会えるから。

変わった自分を実感したら、誰かに会いたくならない？　どこかに行きたくならない？

もう過去のあなたではないから、思い切った行動のスイッチが入るはず。


外見が変わればセルフイメージが変わり、セルフイメージが変われば人生も変わる。

人生そのものを変えるには時間がかかるよね。

でも、外見を変えるだけで、人生はビックリするほど変わることがある。


しかもたった半日でね！

痩せると自信がつく 自信がつくとうまくいく

「達成感」で自分を騙そう

Hibiki
響

太っていることをからかわれ、すべてに自信をなくしていたヒロインを根本的に変えるため、響はまず痩せることを提案した。

ダイエットが長続きしない原因の1つに、モチベーションが切れてしまうことがある。たとえば毎日体重を量っても、全く数字が変わらなかったら当然やる気をなくしてしまうよね。

でも、本当は、少しずつ変動しているかもしれない。

たとえば、体重計を買い替えてみない？

一般的な体重計は100グラム単位で計測するけれど、50グラム単位の体重計にすれば、より細かく体重の推移がわかる。

もし50グラムでも減っていたら、達成感が味わえて、もっと頑張ろうと思えるはず。

体重測定の回数を1日4回に設定するのもおすすめ。

たとえば起床直後、朝食直後、夕食直後、就寝直前と量って記録をつけると、体重を増やす食べ物や行動がわかり、生活全体を痩せるモードに切り替えていける。

さらに体重の推移を記録するときのコツも教えちゃうね。

よくある方法として、横軸に日付、縦軸に体重を記録し、折れ線グラフにするよね。多くの人は現在の体重を上の方に書くんだけれど、あえて下の方に書くの。こうすると視覚的に「自分の体重は重くない」と思えて、必要以上に自分を追い込まずにダイエットできるよ。スマホのアプリじゃなくて手書きがおすすめ。


痩せて見た目が変わると「自分にもできる！」って自信がわいてくる。

その自信が仕事や恋愛、趣味などにも良い影響を及ぼし、人生全体が良くなっていく。

響は、ヒロインにも「自信がもたらす好循環」に乗ってほしいと願ったんだよね。

コンプレックスだって生かせば好きになれる

コンプレックス・デザイナーになろう

えみり

「たらこ唇」とからかわれ、唇がコンプレックスになっていたヒロイン。

彼女をメイクしながら、えみりが呟いた言葉。

その後、えみりのプロデュースで変わっていったヒロインは、「コンプレックスだったパーツがチャームポイントだとわかり、好きになれた」と言えるように。


顔がきらい、髪がきらい、体がきらい。

「自分の全部が好き！」っていう人はそんなに多くないよね。

そうなった原因は、誰かにからかわれたりしたからかも。

傷つくと、コンプレックスになってしまうよね。

だけど、そのコンプレックス、意外と他人は気にしていないのかも？

気にしているのはあなただけだったりする。

逆に、あなたがコンプレックスに思っているパーツは、他人から見ればたまらない魅力だったりする。

だからその**コンプレックスを苦労して修正しようとするよりも、生かす方法を考えたほうが早いし、ラクだし、楽しいよ**。

おすすめなのが、あなたと同じ個性を持っていそうなアイドルや女優、インフルエンサーを真似してみること。

メディアに登場する人たちには、プロのヘアメイクさんやスタイリストさんたちの技が集結している。つまり、その個性の最高峰の姿。完コピを目指してみてもいい。

コンプレックスを磨けば唯一無二の女性になれる。

えみりの言葉がそう教えてくれる。

ハッピーな空間を発信しよう

「ハッピーな人」と思われるだけで〝本当にハッピー〟に

Emiri
えみり

「そもそもおしゃれな場所に行かないし、ずっと家にいるから写真もない」と言うヒロインに、えみりはこう語りかけた。

あなたはSNSでどんな投稿や人に「いいね！」をするかな？
楽しそうな人、幸せそうな人が多いんじゃないかな。
でも実際は、全然楽しくも幸せでもなくて、何か悩みや不満を抱えているかも。
だけど、あなたから見て幸せそうに映っているなら、その人は幸せな人なのかも。
……ということは、こうも言えない？
「幸せな人」とは、「まわりから幸せだと思われている人」のこと。

もしあなたが今、毎日がつまらないなと思っているなら、楽しさや幸せを演出するところから始めてみて。

セルフブランディングとして、楽しそうな場所や楽しそうな場所にあえてわざわざ出かけてみよう。そこで写真を撮り、SNSにアップしてみて。

日常生活で気持ちが上がるシーンを意図的につくってみよう。

ラグジュアリーな自分ご褒美の時間を作って、その時間を切り取ればいいの。

自分が心から楽しんでいれば、嘘のない笑顔になっているはず。

その最高の笑顔が、見てくれた人たちを楽しませてくれる。

最初は、「私はハッピーだ」と自分に思い込ませるためにやっていた投稿が、やがて「いいね！」をたくさんもらえるようになると、不思議なことに「私、いい感じかも!?」とだんだん本当に幸せな気持ちになっていく。

SNSは極端にやりすぎると自分を偽ったり、お金がかかったりと、弊害がある。

でも、うまく使って、幸せになればいい。あなたも周囲の人たちも。

えみりはヒロインに、こんなことも教えたかったのかもね。

本気で痩せたい人は焼き芋なんか食べない

0か100で覚悟を決める

Hibiki
響

自己流のダイエットにこだわり、なかなか痩せられないヒロインに、響は冷静に伝えた。

世間には「痩せたい」という人がたくさんいて、ダイエットサロンや、ダイエットサプリ、痩せる下着などなど、ダイエットビジネスが大はやり。

あなたも「痩せたい！」「痩せなきゃ」が口ぐせになっていない？

でも、いつになったら本当に痩せるのかな。

ずっと痩せたいと思っているのに、結果が出ていない理由はたった1つ。

あなたが本気じゃないから。本気で痩せたいと思ったら、あとは痩せるしかない。

痩せるか、痩せないか。それしかないんだよ。

本気とは、0か100か、どちらかを選ぶこと。

100を選ばなかったなら、潔く諦めた方がいい。


だから、本気の人は迷わない。

もし、あなたが本気で痩せたいと思ったなら、糖質たっぷりのスイーツや、炭水化物満載のパスタなどに手を出すことはない。カロリー計算なんてするまでもなく、自分を太らせる食べ物なんか見たくも食べたくもないから。

じゃあ、どうしたら本気になれるのかな？

それは、「こうなりたい！」と思った動機＝モチベーションを思い出すこと。

痩せたら、おしゃれな服を着こなせるようになって、自信が持てる。

痩せたら、友だちが「素敵！」ってほめてくれるかな。

痩せたら、大好きなあの人と堂々と話せるようになるかもしれない……。

モチベーションが強烈であればあるほど、あなたに本気スイッチが入るはず。

「やらなきゃ」という〝やらされ感〟は、偽物のスイッチ。

あなたが心から望んでいない偽物のスイッチなんて、私たちの人生に必要なし。

本気のスイッチを押しまくって、人生を楽しく変えていこう！

リバウンド？ 論外！

その努力の方向、間違ってない？

Hibiki
響

誘惑に負けてつい甘いものを食べてしまったヒロインに、響が厳しく諭した言葉。

響は健康的な食習慣を身につけるためバランスよく食べるよう、ヒロインに指導した。ダイエットに限らずどんなことでも、うまくいかせるにはその人に合ったやり方を選ぶことが大事。

たとえば、恋愛で幸せになりたい、幸せな結婚がしたいと思っても、恋愛のスタイルも幸せの形も人によってちがうから。

週末だけ会う、あるいはずっと一緒にいたい、お互いの交友関係を交えて付き合いたい。同性同士のカップルも、不特定多数と付き合うカップルもいる。

出会いの方法も、マッチングアプリ、パーティ、合コン、友だちからの紹介……たくさんあるよね。

同じ努力をするなら、自分が効果を出しやすい方法を選ぶ。

これが成功のセオリー。


じゃあ、どうしたら自分に合ったやり方を選べるようになるのかな？

まずはサンプルをたくさん探してほしい。

もしあなたが起業して成功したいなら、カフェ、セレクトショップ、インスタグラマーなどたくさんの仕事がある。その中からあなたができそうな努力をしている人を選んで真似をしないと、うまくいかない。

「この努力じゃなかった！」とわかったら潔く諦めることも大事。

諦めてもいい。**自分に合うかどうかを判断する権利はあなたにあるし、結果が出ないことをやり続けて苦しむより、自分に合ったことを見つけてそちらをやるほうがずっといい。**

うまくいかない方法がわかったほうが人生の財産になるよ。

ただし、お世話になった方への仁義は必ず通すこと！

「ありがとうございました」と心からの感謝を伝えてね。

CHAPTER 03

自分を知ることで相手を知ることができる

「つまらなそうな感じ」は目に見える

運は「楽しそうな人」に集まる

Enrike
エンリケ

キャバ嬢として接客中のヒロインの様子を、モニター画面で観察したエンリケの言葉。

恋愛においても友だち関係においても、私たちは自分を良く見せよう、有能に見せようとしがち。そのほうが相手に自分の価値をわかってもらえると思うから。

頑張ってうまく話そうとしても、意外と相手の心には響かない。

それよりもリラックスして楽しく話すほうが、相手にも楽しんでもらえることが多い。

「感情は周波数であり振動である」という言葉があって、自分が発している楽しそうな振動が空気を伝わって相手に届き、相手も楽しい気持ちになるということ。

だから、「うまく話すより楽しく話す」ことを意識してほしい。

また聞き手に回るときは、リアクションを多めに。

リアクションが薄いとつまらなそうな振動が出てしまい、相手もつまらなくなってしまうから。

楽しそうにしていると、相手の気持ちも良くなって、あなたに素敵な話をたくさん持ってきてくれるよ。それが運というもの。

新しい仕事や新しい友だちを紹介してくれて、飲み会や合コンも楽しそうな人に真っ先に声がかかっちゃう。

まわりを見回してみると、楽しそうにしているだけなのにモテてたり、おいしい話を引き寄せている子がいないかな？

「あれがほしい、これがほしい」とクレクレ病になるよりも、自分が楽しそうにしているだけで必要なモノが向こうから勝手にやってくるよ。

運は基本的に人が運んでくるもの。だから「つまらなそうにしていてはダメ」と、エンリケは教えたかったのかも。

もっとまわりを見たほうがいいよ

人望のある人は「相手を主役」にしている

Hibiki
響

独りよがりな行動が続くヒロインに、響が伝えた言葉。

「自分はコミュニケーションがうまい」と思っている人の落とし穴に、「自分ばかり話して相手の話を聞いていない」ということがある。

自分は気持ちいいかもしれないけれど、聞き役にされた相手は楽しくないし、疲れてしまい、あなたに興味を持つことはなさそう。

言うほど成功していない人、うまくいっていない人、モテていない人ほど、自分ばかりが話すので相手から微妙に引かれていたりしちゃう。

1回目のデートが楽しかったのに2回目のお誘いがこなかったなら、自分ばかりが話していたせいかもしれないね。

一方、相手を引き寄せている人は、相手に話をさせている。売れっ子キャバ嬢や敏腕経営者、ビジネスエグゼクティブなどで成功している人たちも、自分はほとんど話をせず聞き役に徹していることが多い。そうやって相手のニーズや願望を知り、自分や商品、サービスを提案しているんだ。

とはいえ、まったく自分が話さないというのも不自然だよね。

その場合は7対3のバランスで相手に多く話をさせることを意識してみよう。

「もうちょっと私も話したい」という場合は6対4にしてもいいかも。

いずれにしても相手により多く話してもらうことを忘れないで。

どうすれば相手が話したくなるのかを考えるのも大事。

たとえば、あえて「間」をつくってみよう。間とは、ちょっとした沈黙の時間。

沈黙を恐れず、そのままにしておいて。すると相手が少しずつ自分のことを話し始めてくれるから。沈黙を自分の言葉で埋めようとすると、相手の気持ちが冷めてしまう。

相手の話を聞くことは、相手を主役にすること。

その結果、相手の心をつかめるんだよね。

目を見てくれるのかな、目がキラキラしているのかな

目を見る勇気が、人生の勇気に変わる

Emiri
えみり

プロデュースが始まる前、これから現れるヒロインがどんな女性なのかを想像していたえみりの言葉。

「目は心の窓」という言葉もあるように、目はその人の心情や考えなど多くを伝えてくれる。だから、目を見て話す人は信用されるし、目を見ると信用できる人かどうかもわかる。でも、自分の世界に入りがちな人は会話中に相手の目を見ていないんだよね。本人は相手にメッセージを発信しているつもりでも、相手は「この人は心を開いてくれないいな」と感じている。その結果、お互いの心に距離ができてしまうんだよね。

相手の目を見る勇気を持ってほしい。

1分間に1回、2秒だけ。

あなたにもできるはず。目を見て話して、あなたの印象を相手の心に刻んでみよう。


「目力」という言葉がある。

心を射貫かれてしまうような、そんな力強いまなざしの持ち主って魅力的だよね。

そもそも目力とは、脳内で分泌されているドーパミンの量なのかも。ドーパミンとは神経伝達物質の一種で、幸福感ややる気に関わっている。

自分らしい人生を生きて、人生を楽しんでいると、ドキドキやワクワクが続いてドーパミンがたくさん分泌され、それが目力として現れるんじゃないかな。

私たちもドーパミンをたくさん出して強い目力を持てるような人生を送れれば最高だよね！

いきなり目力をつけるのは難しいけれど、少しずつ階段を上るつもりで自分の目標を探し続けてみて。


生き方が変われば、目の輝きも変わる。

目は心だし、目は言葉。えみりはこんなふうに思っていたのかも。

もっと声に「張り」を出して！

声に張りがあるだけで3倍魅力的に見える

Enrike
エンリケ

自信がないせいか声が小さくなってしまうヒロインに、エンリケが投げかけた言葉。

ここで言う「声の張り」とは、単に声の大きさだけじゃないよ。言葉の明瞭さ、聞き取りやすさ。

相手から「え？　もう一度いいですか？」なんて言われたら、相手はあなたをネガティブなイメージと判断しているかも。

じゃあ、声に張りがある人ってどんな人なのかな？

過去に出会った張りのある声の持ち主は、年齢も性別も職種も国籍もさまざまだったけれど、明らかに1つの共通点があったんだ。

全員がとにかく人生にワクワクしてるってこと。

仕事が充実しているとき、あるいは趣味、恋愛、友人関係など、プライベートが楽しいときは、自分のリズムをキープできている状態。

でも、いやだなあって思いながらする仕事や人間関係の中にいると、自分のリズムを押し殺して、怒られないようにしよう、ミスしないようにしようと考えて守りの状態に入っちゃう。その結果、張りのない声になってしまうんだよね。

あなたも自分のリズムを刻めるような生き方を探してほしい。たった一度の人生なんだから。

でも……そんなにすぐには探し当てられないよね?

だとしたら、「声」を変えてみない? ボイトレに通わなくても大丈夫。**相手に自分の言葉をしっかり届けようとするだけで、声は変わるんだよ。**

声を変えれば、寄ってくる人たちが変わり、友だちや恋愛の相手が変わり、仕事の内容も変わるかも。声で人生を変えちゃおう。

ただし、声にはTPO(時・場所・場合)があるんだ。静かなカフェではボリュームを抑える、相手が疲れているようだったらゆっくり話すとか、場所や相手に合わせて声のトーンを変える配慮も大切だよ。

自分より相手を楽しませないと！

楽しませるほうが、楽しむより、〝楽しい〟

エンリケがキャバ嬢であるヒロインの接客態度を指導したときの言葉。


キャバ嬢のお仕事は相手を楽しませること。

相手が楽しんでいる姿を見て達成感を得てるんだ。

実は世の中にある仕事、商品、サービスは、すべて相手を喜ばせるから成り立ってる。

そして相手が喜んでくれると思うから、頑張って働けるんだよね。

「ありがとう」

「楽しかった」

感謝やお礼の言葉をもらうほうが、自分１人で楽しむよりもずっと楽しい。

Enrike
エンリケ

仕事に限らず、恋愛や友人関係でも、ホスピタリティ（おもてなしの心）を持って生きると結局自分が豊かになる。

あなたもこのことに気がついているんじゃないかな？


では、どうしたら相手が楽しんでくれるんだろう？

まず自分がワクワクしながら仕事や人間関係に向き合ってほしい。

自分だけが楽しむこととの違いは、その場にいる相手をちゃんと尊重しているかどうか。

すると相手が理解しやすい言葉で伝えようとするし、視線や笑顔を向けるはず。

そうやって過ごせば、相手もあなたとの時間を楽しんだり、感動したり、満足してくれる。

そんな相手の様子を見て、あなた自身も嬉しくなっちゃう。

最後に相手からの感謝の言葉をもらえば、楽しさが二倍も三倍も膨らんでいく。


自分は被害者だとか恵まれていないと思っていたり、親が悪い、職場が悪い、学校が悪いと言ったりしてるうちは、自分の殻に閉じこもってひたすら不幸をカウントしている状態。

思い切ってそう感じてしまう環境から抜け出して、ホスピタリティを持って生きられる世界を探すタイミングが来ているのかもしれないよ。

自分を知らないのに自分のことなんて伝えられない

未来は、本当の自分と向き合うことから

Enrike
エンリケ

1日の接客の様子を細かくノートに記録するよう、ヒロインに指導したときのエンリケの言葉。

「自分を知らないと自分に似合うものがわからない」とよく言われることがあるよね。SNSで流行しているヘアメイクやファッションを追いかけているあなた。自分のことを本当に知っている？

自分を知るためには、得意なことや苦手なこと、好きな人やきらいな人、嬉しかった思い出や悲しかった思い出など、ノートに書き出してみるといいよ。

このとき、自分の中のダメだな、きらいだなと思うことも、良い・悪いとジャッジせず

にとりあえずピックアップしてほしい。

自分のダメなところやきらいなところを「悪いもの」としてジャッジすると、苦しいよね。でも、ジャッジをしないと、「自分にはこういう特徴があるんだ」と客観的にとらえることができて、無駄な落ち込みがなくなる。

自分が好きになれない人がのびのびと大らかに生きたい場合は、この方法がおすすめ。一方、もっとストイックに生きたい人や仕事で活躍したい人は、あえて良いものは良い、悪いものは悪いとジャッジしてＯＫ。

すると自分が克服するべき課題が見つかり、次の行動に移せるよ。


どちらにせよ、自分と向き合ったときに自分を責めないようにしてほしい。

改めたほうがいいと思うことがあれば改めよう。

そのときは汚れた机の上を整理するように、ただ必要なことだけを淡々と直していけばいい。整理整頓するときに、誰も自分を責めたりはしないはず。

それよりも、乗り越えていこうとしている自分を信じてあげてほしい。

会話のネタは「下調べ」でいくらでも増えていく

会話は「仕込み」が9割

Enrike
エンリケ

キャバ嬢として接客トークがダメダメなヒロインに、エンリケが伝えたヒント。

成功している経営者や大企業のエリートたちが、新規のお客様と会う1週間前に何をやっているのかな？

それは相手のデータを徹底的に調べつくしているんだよね。

当然、相手のSNSもくまなくチェックして、相手がどんな人生を歩んできたのかを知ろうとしている。

相手が経営者だったらその会社のホームページを見て、どのサービスや商品が売れているのかも調べるし、会社の課題や競合も調べている。

稼ぐ人、成功している人はみんな当然のこととして下調べをし、相手との未来を思い描いている。逆に下調べをしない人は、いつまでたっても自分の目標には届かないかも。

仕事に限らず、すべてにおいて下調べは絶対にするべき。

旅行に行くときも、旅先の情報を調べてから行ったほうが、珍しいものやおいしいもの、素晴らしい景色に出会える確率が高くなる。

人間関係だってそう。

友だち関係でも、相手が興味を持っていることを無茶苦茶調べていくと「わかってる、この人！」ってなるよ。

それが恋愛だったら、もうスーパーアドバンテージ。「彼女とまた会って話したい」と思わせられるんだよ。

下調べをするか、しないか。会う前に勝負は決まっている。

だからあなたは下調べをしなければいけない。

相手のことをよく調べて、涼しい顔で会いましょう。

エンリケがたくさんのお客様から支持されるようになったのも、きっと念入りに下調べを続けてきたから。

CHAPTER 04

「お豆腐メンタル」の鍛え直し

根拠がない自信って大事

「プラスの思い込み」で壁は壊れる

Emiri

えみり

学生時代からいじめられてきて、今は働くことも諦めてしまったヒロインに、えみりはこう語りかけた。

世の中にはゼロから仮説を考えて新しい価値観をつくっていく〝冒険系の思考回路〟を持つ人たちもいれば、既存のものを着実に運用していこうという〝安定系の思考回路〟を持つ人たちもいる。

この思考パターンは、育った環境によって育まれることが多いそう。

「あれはダメ、これはダメ」「失敗したら恥ずかしい」という守り重視の大人たちに囲まれて育つと、「きっと自分にもできる!」という根拠のない自信を持てなくなるんだよね。

もしかしたら、あなたも安定系の思考回路を持つ親や教師のアドバイスに従って、進学先や就職先を決めてきたのかも。

でも、自分の限界を勝手に決めてはもったいない！

たとえ能力が高くても、自分の限界を勝手に決める人の2年後、3年後、10年後は、全く成長していないし、人間関係や恋愛環境も変わらない。

高い目標を考えて掲げて、理論を考え、行動する。

世の中の成功物語はすべてそういう積み重ねでつくられているから。

根拠のない自信を持つために、自分に「私にはできる」という暗示をかけるのが有効。

また、うまくいっている人に話を聞くのもおすすめ。

もし、ハンドメイドのアクセサリーをインスタで売りたいと思っているなら、それを実現している人を探してみてほしい。人間は洗脳されやすい生き物だから、「彼女ができたなら自分も……」とプラスの思い込みを持ちやすくなる。

あとは行動を繰り返すのみ。根拠なんていつのまにかついてくる！

内面から出る笑顔こそが本物！

本気で楽しむ人が人の心をつかむ

Emiri
えみり

えみりのプロデュースで外見が変わり、マインドも変わったヒロイン。最後に別れるときの彼女の笑顔を見て、えみりが発した言葉。


あなたの笑顔を決めているのは、あなたがお腹の中に抱えているもの。

「お腹の中に抱えているもの」とは、1人の部屋に戻ったときにあなたが何を考えているか。

寂しいな、イライラするな、ムカつくな。なんだかモヤモヤする。先行きが不安……。

そういうものを抱えているほど負のエネルギーが大きくなり、いくら本気で笑おうと思っても難しい。

一番いいのは心配事を解決することだけど、簡単に解決できるとは限らない。

そんなときのために、自分を魔法にかける対象物を1つ持っておこう。

そのことを考えるだけで、自分の内面がいつでも楽園になるような何か。

自分を超絶引き込めて、寝食を忘れるくらい没頭できるような何か。

好きなアイドル、音楽、コミック、アートでもいいし、アクティブにジョギング、サーフィン、ヨガ、山登り、格闘技など没頭できるエクササイズもおすすめ。

できれば、レッスンがあるから絶対に行かないといけない、講習があるから絶対に受けなければいけないなど、外の世界とつながって誰かとやるものだとベター。

無理やりでも**外につながりをもつことで、イライラ、モヤモヤ、クヨクヨから引き離される**から。

1人で黙々とやるものだと、延々と落ち込んだままになってしまいがち。

人生にワクワクやドキドキがある限り、人ってお腹の底から笑えるんだよ。

ちょっとくらいイヤなことがあっても。

ポジティブなことを言う人に囲まれよう

ポジティブマインドは「環境」でつくられる

Emiri
えみり

「自分がきらい」と言うヒロインを、えみりが励ました言葉。

「朱に交われば赤くなる」ということわざがあって、「人間は関わる相手や環境によって、良くも悪くもなる」という意味。

悪口や愚痴ばかりのネガティブな人たちに関わっていると、口ぐせも表情もファッションも行動も、すべてがネガティブなエネルギーに侵食されて、いつのまにか自分もネガティブな人になってしまう。

新しいことに挑戦しよう、もっと自分を磨いていこうというポジティブなマインドは、ポジティブな人たちに囲まれているからこそキープできる。

ポジティブマインドはネガティブな人たちの中で過ごしている限り、育たない。たとえ芽生えたとしても、すぐに摘み取られてしまう。

だったら、居場所を変えてみよう。
まずはポジティブな人たちが集まっていそうな場所を想像してみて。
ヨガに行ったら、心が穏やかでヘルシー志向な人たちに出会えるかもしれない。
英会話教室には、向上心があってキャリアアップを狙っている人が集まっているかも。
あなたが想像した場所には、「体験学習」だと思って全部行ってみてください。
1人で行くのが不安だったら、仲のいい友だちを誘ってもいい。
「楽しかったなあ」と思う場所があったら、そこがあなたの新しい場所になる。

人間の細胞は200日ほどですべて入れ替わるそう。
ポジティブな人たちに囲まれた場所に半年も身を置けば、あなた自身も生まれ変わってポジティブな人になっているよ！

まずは「お豆腐メンタル」の鍛え直しから！

「傷つきやすさ」に人生を邪魔させない

Enrike
エンリケ

「傷つきやすいこと」って素晴らしいこと。

何十年も歌い継がれる伝説のヒットソングには、傷つきやすいシンガーソングライターが、傷つきやすさを武器に書いた歌詞が多くある。

傷つきやすい人が渾身の思いでつくった歌がヒットし、世間に認められ、伝説になっていった。

あなたも**傷つきやすい心をうまく使えれば、唯一無二になれる**かも。

たとえば、傷ついた人の心を扱うカウンセラーや、心と体をケアするヨガインストラクターは、相手の気持ちを理解するために傷つきやすさの素養が必要になる。

だから、傷つきやすい人は、その傷つきやすさで誰かの役に立てるようになるといいかもしれない。

その一方、自分の心を縮こまらせ、人生をストップさせてしまうような傷つきやすさもあったりする。

それは心のヒマによる傷つきやすさ。

「ヒマ」というのは時間的なこともあるけれど、心の温度や本気度の問題。

心がヒマだと何十年も前のイヤことまで思い出して、その思い出に憑依され、また自分を傷つけてしまう。

もっと心を燃やして生きてほしい。

「絶対にやり遂げる」という目標を掲げて、脇目もふらずに行動してほしい。

人間も動物。ある意味、世の中はやるかやられるかの世界。サバンナと同じ。

動物は心が傷ついたりしない。

淡々と狩りに行ったり、草を食んだりしながら、日々を全力で生きている。

「時には動物に戻り、自力で何が何でも生き延びろ」

エンリケは、ヒロインにそう伝えたかったのかも。

「なりたい」と「なる」は覚悟が違う

「なりたい」は「たられば」でしかない

Enrike
エンリケ

「自分のお店を持ちたい」「ナンバーワンになりたい」

「**したい**」「**なりたい**」という〝Want〟の言葉はだいたい実現しない。ただの願望を述べているだけだから。

「自分のお店を持つ」「ナンバーワンになる」

実現するのは、「**する**」「**なる**」という〝Do〟の言葉。

なぜなら「自分はこうするんだ」という覚悟があるから。

どうせなら、〝Do〟の言葉で語ろう。

目標が見つかったら、TwitterやTikTokで、あるいは友だちの前で、「**をする!**」「**になる!**」と宣言してみて。

〝Ｄｏ〟の言葉で語ったからには、行動するしかない。

でも、もし達成できなかったら……？

「やるって言ったのにできてないじゃん」と信用を失ってしまうかも……。

そんな不安に襲われるよね。だけど、心配しないで。

宣言すると同時に、「だから教えてください！」「応援してください！」とお願いしてみよう。

人は誰しも「教えたい」という欲がある。きっと、生命や文化をつなぐために、そうプログラムされているのかも。だから、教える行為は快感で、教えることによって幸せを感じることもある。

相手が持っている専門知識を教えてもらい、あなたも相手を尊敬し「ありがとう」と感謝する。そしてうまくいったら「あなたのおかげだよ」と全部相手の手柄にしてみて。

今度は相手から新しいリターンがあるかも。

また、人は誰しも「応援したい」という欲もある。

誰かの夢を応援しながら、一緒にワクワクしたいんだよね。

〝Ｄｏ〟の言葉で目標を宣言し、たくさんのサポートをもらいながら着実に階段を上っていってね。

泣くのを我慢するのはけっこう大事

「感情コントロール力」＝「達成力」

Hibiki
響

目標が達成できず、自分のふがいなさに泣いてしまったヒロインに、響が言った言葉。

理不尽なことで責められて悔しかったり、自分のミスが恥ずかしかったりして、思わず涙が出てしまうことってあるよね。

でもあなたが泣くと、その場がストップしてしまう。

あなたが泣き止むまでみんなが困っている。

そのことに早く気がついて。

厳しい言い方になるかもしれないけれど、人前ですぐ泣いてしまう人は大事な仕事を任せてもらえないし、信用もされない。

人間には喜怒哀楽がある。自然にわき上がる感情はとても大事。

だけど、怒りやすい、落ち込みやすいなどネガティブな感情の起伏が激しいと、どんなに能力が高くても幸せになれない。

世の中で成功している人たちは、性格が穏やかで、相手に気遣いができ、謙虚な人が多い。感情が不安定な人はウェルビーイング（幸福度）が低いので、成功者の集団に紛れ込んでも少しずつ距離を置かれてしまうことも。

うまくいっている人は、感情を安定させるために実はあらゆることをしている。

たとえばヨガ、瞑想、座禅のほか、自然の中で過ごし心を整えたりもする。マインドフルネスとも呼ばれているね。なぜなら、感情の乱れは思考の屈折を生むから。

経営者や起業家が動かすお金は巨額だし、社員や社会に大きな責任を負っている。

感情が乱れていると正しい判断ができなくなり、責任を果たせない。

だから感情を安定させることを習慣化しているの。

心が不安になるのは目の前の問題が山積みだから。

今、あなたが抱えている問題を書き出してみてほしい。

問題が「見える化」できれば少し心が鎮まる。

心が鎮まれば、次にやるべきことがわかってくるよ。

「つらかったことを話せる」のも強さ

過去のトラウマを笑って話せる大人になる

Emiri
えみり

学校や会社でのつらい体験を語ったヒロインに、えみりが伝えた言葉。


多くの人は子どものころからのトラウマを抱えている。

気の強い子からいじめられていた。

兄弟姉妹と比較された。

変なあだ名をつけられてからかわれた。

プレゼントを好きな子に受け取ってもらえなかった。

発表会で大失敗して恥ずかしかった。

こんなトラウマが心に残り、大人になっても「自分はダメだ」と思い込んでしまう人がいる。

一方、トラウマを乗り越えて活躍できるようになった人は、つらかった過去も大事な自分の一部だと認めているんだよね。

ここで「つらいトラウマを克服する4つのステップ」を紹介するね。

1．つらいことがあって、それを誰にも話せずにいる状態。

2．人に話すことはまだ難しいけれど、自分の頭の中で感情を整理できる状態。

3．信頼できる人に話してみよう、と思える段階。

4．その出来事が自分の中で「笑い話」や「意味のある人生経験」になり、そこで得た学びを誰にでも語れる段階。

「つらかったことを話せる」のは、この4つのうちの3段階目。この段階では、出来事の消化が進み、それなりに「前に進む力」を手に入れている状態。

「もうそろそろ大丈夫かな……」

そう思いはじめたら、勇気を出して過去のトラウマ体験を人に話してみない？

誰かに話すことで、トラウマは完全に過去のものになり、自分とは切り離した客観的な事実へと昇華させることができる。再び同じことが起きても最適な対処ができる「本当に強い人」へ成長できるはず。

あなたのトラウマを誰かに打ち明けることによって、過去と未来の景色が変わるんだよ。

「ポジティブすぎ」で、大丈夫？

Hibiki
響

勝率の高いポジティブ、低いポジティブ

響にプロデュースしてもらえることが決まり、「やります！」「頑張ります！」と繰り返すヒロイン。そんな彼女の様子に違和感を持った響はこうつぶやいた。

ポジティブでいることは、目標達成のために欠かせない要素。

でも、実際はただ夢を見ているだけ、前向きな言葉を言っているだけのポジティブと、ある程度実現していけそうなポジティブの2種類がある。

人生で高い目標を掲げ「自分にはできる」と思って行動していると、見えない力が働いて思わぬところから思わぬサポートが来るかもしれない。

だけど「できる」と思うだけ、願うだけでは無理。現実に起こっていることを完全に無

視したポジティブは、残念ながら実現する確率が低いかもしれない。

勝率が高いポジティブはうまくいくための手段や情報をたくさん集め、具体的な行動プランを設定している。

たとえば、「5坪くらいのカフェをオープンしてマフィンを売ったりコーヒーを出したりしたい」という夢があったとしようね。

「カフェをやりたい！　頑張ります！」と言っているだけでは勝率の低いポジティブ。勝率の高いポジティブなら、さっそく5坪のカフェで成功している実例を探すはず。

必要な費用や出店に向いている街を調べ、実際の店舗にも見学に行って集客の方法を考える。

ここでポイントなのが、赤字になったらどうするのかなど、最悪の事態も想定しておくこと。

人間は未知の世界に踏み込むことに対して恐怖を覚えるもの。

そこで最悪の事態を想定し、どう対応すればいいのかなどを見積もっておくと、安心して先に進んでいける。

あなたもポジティブマインドで勝率を上げて、やりたいことを実現しよう。

その涙が「悔し涙」なら、まだ間に合う。成長できる

Enrike
エンリケ

悔し涙を流した自分に拍手しよう

失敗したことに涙を流すヒロインに、エンリケがかけた言葉。

夢を叶えるとき、人生が変わるときって、凄腕のプロデューサーや綿密な計画があるだけでは足りないもの。

ほしいのは、情熱。あなたの心に着火するガソリンが絶対に必要。

悔し涙は、最大火力のガソリン。

たとえば、クリスマスにひとりぼっちだったとき。友だちを誘ったけれどみんな予定があって、1人で狭い部屋にいて寂しかった。

仕事は楽しくない。お給料も高くないし、仲がいい人もいない。

趣味もない。何にもない私の人生、もうイヤだ！

心からそう思ったとき、本気で生き方を変えようとするよね。


寂しい、悔しい、もううんざり……。

こういう**強烈にネガティブな感情はジェットエンジンになる**。

彼氏がいなくてつらいなら出会いの場に行こうと思うはずだし、外見を馬鹿にされたならダイエットしたりメイクを研究したりしてかわいくなろうと思うはず。

職場がつまらなかったら、別の仕事に転職しようとしたり、副業を始めたりするはず。

みじめだったときの感情を抱きしめて、それを将来のための燃料に変えていこう。

心底イヤだったことを書き出して、１つひとつを消していくための行動が、人生をジャンプアップさせるから。


涙が出るほど悔しいのは、それだけ本気だったから。

悔し涙を流した自分を、まずはいたわってほしい。

その涙を糧にして、今度は嬉し涙を流していこう。

なんだってできるよ、自分を信じていれば

変わりたいなら自分を追いこめ

Emiri
えみり

「追い込まれた環境」には2つ。

1つは逃げたいけれど逃げられない環境。

お給料が少ないブラック企業で、パワハラやセクハラもある。

でも、辞めると無収入になってしまうから、怖くて辞められない。

こうした人生をダメにする方向に追い込む環境は存在する。

2つ目は、トップアスリートやアーティストなどが最高のパフォーマンスを発揮するために、ストイックに練習を積み重ねるような環境。

人生の可能性と栄光を追求するために追い込む環境。

どちらの環境に身を置くかはあなたが選べる。

でもせっかくなら自分の未来をより良くする追い込みをしたいよね？

いつものメンバーとの他愛もないおしゃべりや慣れ親しんだ仕事には、不安はないけれど、新鮮味も成長もない。

あえて**ぬくぬくした場所を出て、アウェイの風に吹かれよう**。

たとえば毎日Instagram やYouTube、TikTokを更新するのだって、やってみたらかなり大変で十分自分を追い込むことになるよね。

そうやってコツコツ積み重ねて、フォロワー1万人を達成したらすごいよね！


ただし、追い込む対象はしっかりと見極めてほしい。

間違ったことに追い込みをかけると、人生は無駄な苦労だらけになってしまう。

あなたが得意で大好きで、自分のステージが上がると信じられて、さらに社会的にも意義があることであれば、どんどん自分を追い込んでやっていこう。

気がついたらとてつもない信用力と影響力を手にしているはず。

CHAPTER

05

トップを
目指すために

人の真似をするのが一番勉強になる

まず真似てみて！　倍速く結果を出せるから

Enrike
エンリケ

「売れたい！」というヒロインに、エンリケはこうアドバイスした。そして今の自分の基礎を作った〝1日の振り返りノート〟をつけるように、ヒロインに宿題を出した。

成功への最短距離は、その道でうまくいっている人のやり方を完全にコピーすること。これは学校や親が教えてくれない、人生をうまくいかせる大事な秘訣。イチから自分で考えて始めるよりも、圧倒的に早く波に乗れる。何しろすでに成功している、実績があるやり方だから。

コツは**誰も彼もの真似をするのではなく、うまくいっている人の真似だけをすること**。

うまくいっていない人の真似をしても時間の無駄になるばかり。

勉強も仕事もうまくいっている人を完コピして自分に取り入れよう。

ユーチューバーもインスタグラマーもティックトッカーも、ＳＮＳのフォロワーが伸びている人はうまくいっている人の真似をしていることが多い。

でも、もし周囲にうまくいっている人がいない場合はどうしたらいいかな？

一番のおすすめは環境を変えること。それが難しいなら、うまくいっていない人を反面教師として、逆のことをするといいかもしれない。

成功を目指すだけではなく、自分を変えたいと思ったときも同じ。こうなりたいという目標となる人の思考や発言、行動、生活態度を研究し、その真似をしよう。自己啓発の本を何冊も読むより、最短で変われるから。

自分が「やりたいこと」と「できること」は違う

「できることの積み重ね」で「やりたいこと」に手が届く

Emiri

えみり

少しずつ自信を取り戻し、働く意欲を見せるようになったヒロイン。しかしやりたい仕事は、彼女に全く向いていない水商売……。

今までずっと応援してきたえみりは、こんな言葉でヒロインを諭した。

今、世の中的には「仕事はやりたいことで得意なことをやりましょう」という流れに向かっている。

やりたいことならモチベーションが上がるし、少々失敗してもめげずにいられる。

得意なことをすればすぐに抜きん出て、成功できる確率が上がりそう。

でも、仕事にする上で最も基礎となる要素は、「やりたいこと」でも「得意なこと」でもない。

「世の中から必要とされていること」。

人々のニーズを満たしていないと、どんなにあなたがやりたくて得意であっても仕事として成立せず、ただの独りよがりで終わってしまう。

自分の特技を使って何かを相手にしてあげて、それを感謝された経験はありませんか？　もしあるなら、それがあなたに求められていること。

自分には何もないと思うなら、誰かから「一緒にいると安らぐ」「癒される」「相談できる」と言われたことはないかな？　そこから始めてみてはどうかな。

こうやって、できることを積み重ねて人の役に立ちながら、信用を積み重ねていく。ただやりたいことをやっていても世の中は認めてくれない。

この順番を守らないと、結局は夢破れてしまうことが多い。

実際にネガティブなループにはまっている人も多くいる。

「好きなことをやりなさい」という言葉は、耳ざわりが良く、希望を抱かせてくれる。でも、現実の世界でやりたいことをやっていくのは、大きな挫折を味わうことも含めて、きれいごとだけでは済まない。


そんな現実を、えみりはヒロインに伝えようとしたんだね。

「自分」の人生を生きよう

「やらされ感」と決別した人から幸せになる

えみり

つらかった過去を忘れられず、新しい世界に踏み出せずにいるヒロインに、えみりが語りかけた言葉。


「仕事がつまらない」

「仕事にやりがいを見いだせない」

多くの人がこうした悩みを持っている。そもそもなぜそう思ってしまうのかというと、仕事と主体的に向き合えていないから。

「やらされ感」に支配されているうちは、仕事なんておもしろくなるはずがない。

1日のうちで3分の1近くも占めている仕事の時間を、誰かの指示に渋々従ってなんとかやり過ごしている……。貴重なあなたの人生をこんなふうに消耗させるなんて、もったいなさすぎる。

そこでちょっと仕事のとらえ方を変えてみてほしい。おもしろくない仕事をゲームとして考えてみたらどう？　早く、たくさんクリアできたら勝ち。

そうやって、今の仕事を攻略しようとしてみて。少しやらされ感がなくなるかもしれないし、ひょっとしたら「あり得ない」と思っていたおもしろさが見つかる可能性もあるよ。

それでもどうしても「やらされ感」が消えないなら、その仕事はあなたに向いていないのかも。そのときは思い切って別の場所に移動してみるのもアリ。

新しい場所では自分から新しい仕事のおもしろさが見つかることも。

そうしないと、また「やらされ感」に付きまとわれることになってしまう。

自分がやりたい仕事は何か、一度あぶりだしてみよう。

もしお金を稼がなくていいなら何をやりたいのか、書き出してみて。

すると、その中にやらされ感がなくて、本当にやりたい天職のヒントが見つかるはず。

やりたい仕事が見つかったら、できることから人の役に立って、少しずつ信頼を積み重ねていってね。

やるからにはトップを目指すべき！

一番を目指した瞬間、言動も物腰も変わる

Hibiki
響

「売り上げモンスター」の異名を持つ響が、自分自身を振り返ったときの言葉。

「2位じゃダメなんでしょうか？」
10年以上前、ある政治家がこう発言して話題になった。
誤解を恐れずに言うと、2位じゃダメ。響のようにやるからにはトップを目指すべき。
なぜなら最初から2位を狙うのとトップを目指すのとでは、志が全然違うから。
志が違えば覚悟が違う。覚悟が違えば、行動量が違う。
行動量が違えば変化の量が違う。変化の量が違えば「結果」も全く違ってくる。
トップを目指すこと自体に人生が変えてくれるパワーがある。

とはいえ、トップを目指そうとしても心が追い付かないことがあるよね。自分には到底無理だと思ったり、いくらモチベーションを高めようとしてもなかなか気持ちが燃え上がらなかったりすることを、多くの人が経験しているはず。

でも、誰でもトップになれる方法があるんだよ。

よく言われることだけれど、特定の分野を狭めていけばいい。

たとえばボディセラピストになりたければ、「恋の悩みを癒してくれるボディセラピスト」を目指すのはどうかな。こういう肩書でやっているセラピストはあまりいないのかも。あるいは、「占いができる秘書」もおもしろいかも。今日のボスの運勢をエンタメ的に話せるような秘書は、日本にはほぼいなそう。もしかしたらあなたが第一人者になれるかも。こういうふうに、オリジナルの肩書を名乗った瞬間から、あなたはその世界でトップになれる。

自分が第一人者だと思えば、プライドができる。自ら能動的にコミットしていくと、始めたことがおもしろいほど達成していける。承認欲求を最高級の状態で満たせる最善の方法ともいえるかもしれないね。

自分のことを交渉するのは自分じゃないと

どんなルールも「役に立つ」なら変えられる

Enrike
エンリケ

「お店のシフトが決まっていて、出勤日を変えられない」と言うヒロインに、エンリケが伝えた言葉。キャバ嬢としてその店で本気でナンバーワンになりたいなら、自分からお店と交渉して出勤日を増やすくらいのことは当たり前にやるはずだから。

あなたの会社にも、謎の（暗黙の）ルールがない？

雑用は必ず新入社員がやる。上司より先に帰れない……。

波風を立てたくないからとりあえず従ってきたけれど、考えれば考えるほどやっぱりおかしい。

文句を言っても何も変わらないとガッカリしているあなたに、ぜひ知っておいてほしいことがある。

きれいごとを抜きにして、世の中の原理原則は「数」。

どんなルールも、数があれば変えられる。

InstagramやTicTokもフォロワー数の勝負。

テレビの世界では高視聴率を稼げるディレクターや脚本家、タレントは「数字を持っている」として重宝される。番組にスポンサーがつきやすいから。

じつは、これは私たちのまわりでも同じ。

同じ意見を持つ人の数を集めることが大事。

もし誰も味方してくれる人がいなかったらあなたが職場で実績を出し、信頼してくれる人の数を集めるところから始めてほしい。

それをやらずに意見を言っても、なかなか通らない。

たとえそれが正論であっても。

数を持つには人々の信頼を集めること。

この原理原則を忘れずにいてほしい。

一度トップになると落ちるのがイヤになる

成功が「継続努力」のスイッチをオンにする

Hibiki
響

ナンバーワンを取り続けたモチベーションについて聞かれたときに、響が答えた言葉。

「一発屋」という言葉があるよね。

一時的に売れたり活躍したりした芸人やアイドル、アーティスト、スポーツ選手などのこと。

どちらかというとおもしろおかしいニュアンスを込めた言葉だけれど、「一発屋」と呼ばれる人たちはむしろ尊敬に値すべき存在なんだよね。

なぜなら一度は全国にその名を轟かせた実績があるから。

一度高みに登ってから谷底に落ち、とてつもないショックを感じて、また這い上がろうと強く思ってる。

一発屋にすらなったことがなければ、落ちたときの悔しさも経験できない。

まぐれ当たりでもいいし、どんな分野でもいいから、騙されたと思って一度一発屋の気持ちよさを味わってみると、あなたが見ている風景が一変するはず。

まわりの人からも称賛されるし、何よりも「トップでいる自分ってすごい！」と自信がつく。そしていつの間にかトップでいる自分が当たり前になっている。そこまでくれば、響のようにトップから落ちたくなくて自然と努力し続けるようになるから。

「地位は人をつくる」という言葉もある。

トップから落ちた後は、自分の努力次第。

「もう一度うまくいってやる」と未来に期待し情熱を燃やして頑張れば、再び返り咲くことも夢じゃない。

そのモチベーションも、一度トップで味わった気持ちよさからくる。

人生でたった一度、何かのトップになっただけで、生き方そのものが変わる。

トップの座とは、それほどインパクトがあるから。

自分が「商品になる」って自覚ある？

誰だって「魅力的な人」から買いたい

Hibiki
響

地下アイドルでありながら見た目を変える努力が続かないヒロインに、響が伝えた言葉。

キャバ嬢、モデル、女優、アイドル、アーティストはもちろん、世の中のすべての女性が商品だとする。いえ、女性に限らず男性もそう。私たちは全員がある意味、商品だと考えてみよう。

たとえば、会社に就職するとき。面接官はどの人を採用すれば会社の業績が上がって社会が豊かになっていくのかを考えて、新入社員を選ぶはず。

性別や年齢に関わりなく、あえて私たちは商品だと思って生きていたほうが現実的にうまくいくこともあるかもしれない。

「私は商品なんかじゃない！」と抵抗したくなる気持ちもわかる。でも、自分が商品だと仮定すれば、相手目線になれる。相手から自分がどう見えているのか。どんな言葉を発すれば相手が喜ぶのか、どんなしぐさ、見た目がふさわしいのかなど全部変えることができるので、意外といいことばかり。

番組内で、ヒロインは「自分であること」にこだわって、自分のやり方を貫こうとして、結果的にうまくいかなかった。

そういう独りよがりの子どもっぽい自分を卒業するために、響はこんな言葉でヒロインを戒めたのかもしれないね。

あなた自身を大切に扱い、きれいにラッピングしてあげてね。

「中途半端」はダメ！突き抜けろ！

みんなと一緒はもう終わり

Enrike
エンリケ

キャバクラ店での成績が「常に真ん中あたり」というヒロインに、エンリケは発破をかけた。

みんなと一緒で楽しくワイワイ過ごす時間はとても大事。

恋愛や仕事で落ち込んだとき、弱音を吐ける女友だちの存在は貴重だし、そんな時間は人生のかけがえのないワンシーンにもなる。

その一方で、**自分の生き方を突き抜けさせることもきっと必要な瞬間**。

みんなと一緒の心地よさとは別の心地よさを感じるはず。

とはいえ、今までずっとまわりに合わせて生きてきた人にとって、突き抜けることなんて恐怖でしかないよね。

学生時代にちょっとでもまわりと変わったことを言ったりやったりした人は、仲間外れにされたり、先生から注意されたりしたこともあるかもしれない。

社会人として会社に入っても、目立つことをしたら上司から睨まれたりする。

そういうふうに生きてきたら、無難に生きていったほうがいいと思うこともきっとある。

でも、世の中を見渡してみると、誰もが自分のことばかりを考えて生きているとわかる。

あなたが自分にとって突き抜けた生き方をしていても、それほどまわりは気にしてないと考えてみて。

突き抜け初心者のあなたには、「恐怖4割、心地よさ6割」くらいを目指すと、ちょうどいい突き抜け感を味わえる。

手軽なところで、メイクやヘアスタイルを変えてみて。

見た目が突き抜けると心も突き抜けることがあるよ。

みんなと一緒だと永遠に「その他大勢」で終わっちゃう。

あなた自身を生きて、突き抜けたら、唯一無二の存在になれるから！

CHAPTER 06

エンリケ、えみり、響の「愛の鞭」

有言実行しろよ！

「有言実行」できない人は「嘘つき」と同じ

エンリケ

番組の最後、目標を達成できなかったヒロインにエンリケが贈ったラストメッセージ。

有言実行をし続けられるのは、世の中の一握りの人たちだけかもしれない。

多くの人は、会社の上司から残業をしろと言われたり、家族から用事を言い付けられたりして、重要度が低いけれど緊急度の高いものが目の前に積み重なってしまい、本当にやりたいことがどんどん遠くにいってしまう。

でも、有言実行をし続けることができる人って「あるやり方」を知っているからうまくいっているんだよ。

そのやり方とは「外的要因」を利用すること。

たとえば友だち同士でお互いの目標を宣言したあと、月に一度ファミレスなどに集まって、「そういえば、あれはどうなった？」とそれぞれの報告会を開いている。その時間がモチベーションの維持になる。挫折しそうなときは応援してもらえるし、壁に突き当たっているときはヒントをもらうこともできるかも。

自分以外の誰かや、環境で起こることが「外的要因」。外的要因で人の心はいくらでも火がつく。１人でやろうとしてうまくいかなくて、「私は意志が弱いなあ」なんて落ち込むのは、一番よくないパターンなのかもしれないね。

口先だけで流されてしまう人は不言実行。不言不実行の人は有言しちゃって自分を追い込んでみよう。要は使い分けが重要なんだよね。

弱音を吐いている時間はない！

弱音を吐く時間、あなたは「生きていない」

Enrike
エンリケ

結果を焦るヒロインに、エンリケが諭した言葉。

なかなか結果が出ない中で努力し続けなければいけないとき、人は誰しも孤独。頑張っている自分を認めてほしくて、励ましてほしくて、誰かに愚痴を聞いてもらいたくなる。

当たり前のことだけれど、**弱音を吐いている時間、あなたは1ミリも成長していない**。ということは、時間を無駄にしているわけ。

自分の心を慰めているつもりが「うまくいかなくても仕方がないよね」と自分に言い訳をしてるから。

まわりの人たちも「そうだよ、そうだよ」と同調しだすと、もうその場には生産的な空気は皆無。

あなたは今週どれくらいの時間、弱音を吐いたりもうダメだと考えたりしたかな？

もし合計30分だったとしたら、人生の30分間のエネルギーと時間を無駄にしたことになる。

厳しい言葉だけれど、これが現実。

あなたが本当に前に進みたいなら、30分だって惜しいはず。

30分あったらブログが1本書けるし、InstagramやTikTokの更新もできる。

自分が生まれ変わるために必要な知識が5つは覚えられるでしょう。

この本だったら30ページは読み進められるかも。

30分あればなんだってできるのに、自分を慰めることに時間を費やして後悔はない？

こんなふうに考えられるようになったら、あと一歩の努力ができるようになるかも。

ただし、プライドがずたずたになるくらいに生き方を全否定されて、自分が壊れてしまうような状態にあるなら、信頼できる誰かに思う存分聞いてもらってみて。

できればそのとき、弱音を吐くというよりも、「新しい場所に飛び出して人生を変えるための大きな宣言をするんだ」という気持ちでいられたらベスト。

・・・なんで働かないかな？

挫折の原因に向き合わない人は一生苦しむ

Emiri
えみり

ヒロインが働くことから遠ざかっていると知り、えみりが思わずつぶやいた言葉。

誰でも「働きたくない」「仕事に行きたくない」と思うときはあるよね。「職場に行って怒られるのが怖い」「やりたくない仕事を押し付けられるのが苦しい」と思ってしまうから。

その一方で、クリスマスだろうがお正月だろうが、彼氏とデート中だろうが、自分の仕事が気になって「早く仕事に戻りたいなあ」と思う人もいるよね。

それは自分の仕事に心から納得している人なのかも。えみりもきっとそう。

仕事という楽しくて幸せな時間をなぜ放棄するのか、ヒロインを見ていてもったいないなと思うからこそ、つい出てしまった一言。
仕事が楽しいなんて、信じられない人もいるかもしれない。
だけど世の中には天職に就いて幸せな日々を過ごしている人がたくさんいる。
そのことが理解できれば、えみりの言葉もすんなり受け入れられるかもね。

仕事上や人間関係の失敗や挫折は、誰もが経験すること。それは問題じゃない。
重要なのは、挫折した自分とどう向き合ってきたか。
挫折したショックが癒えたら、なぜ失敗したのかの原因を考えてみて。
挫折から逃げていると、転職したとしても形を変えてまた同じ問題がやってくる。
早めに向き合ってクリアするほうが、ダメージが少なくて済む。
そのうえで、あなたにとって最善の働き方を見つけてほしい。

仕事って自分を知れて、他人を知れて、社会を知れる、人生の宝探しだから。

あなたのゴールは「職種」じゃない

つらい仕事にある快感が「生きていること」を思い出させる

Emiri
えみり

長年引きこもりを続けていたにも関わらず、難易度の高いキャバ嬢という職種を選ぼうとするヒロインに、えみりはこう伝えた。

心も体も泥のようになってしまって、もう何もやる気がしない。人と会うのが怖い。働くのも怖い……。

あなたがそんなふうになってしまったら、引きこもりに入る前に一度試してみてほしいことがある。

たった1日だけでもなんとか仕事をして過ごすことだけを目標にしてみて。

1週間後のことや1か月後のこと、1年後のことは、今はどうでもいい。

とにかくその日を、働くことによってなんとか乗り切る。それだけに集中してみてほしい。職種は何だっていい。

どんな仕事でも時間がたてば解放されると思ってやり遂げてみて。

仕事が終わったときに達成感があったり、安心感があったり、感情が動くはず。

泥のような状態は、感情が動かないことに原因があることが多いから。

いろいろな感情の動きを感じると、生きている感覚がよみがえる。

イヤな仕事でも、解放された瞬間、人は快感を得られる。

いま大ブームのサウナも気分がリフレッシュできる要因は、発汗作用のほかに、サウナ室という暑くて苦しいところから逃れたときの解放感も含まれるそう。

人間の体は、苦しいことを乗り越えた後に快楽が得られるようになっているし、誰だってそれを感じることができる。

朝起きるのも、着替えてメイクをするのも、電車に乗るのもつらい。仕事で怒られるのも怖い。そこをなんとか職場に行き、終業時間を迎えてみよう。

どんな感情がわきあがるかな？

感情が動くとき、あなたの泥が少しずつ流れ落ちていくから。

何かと自分に優しくする癖があるよね？

自分に優しくするのは、自分を出し切った後

Hibiki
響

ダイエットの目標体重をクリアできなかったヒロインに、響は冷静にこう伝えた。

私たちが「こうなりたい」と思う先には、必ず敵が立ちはだかってる。

ダイエットで言えばスイーツだし、資格試験の勉強だったら気づいたらスマホをチェックしちゃうとかね。

でも、本当の敵は「誘惑に負けてしまう自分自身」。

「今日は運動したから」とか「今日はチートデイだから」と言い訳してついついコンビニのスイーツを食べてしまったら、ダイエットがうまくいくはずがないよね。

あるいは「今日も忙しかったから」「疲れて眠たいから」という理由でまったく勉強をせずに1日を終えたりしたら、本当に試験に合格したいのか、疑われちゃうかも。響も「自分に鞭を打てない人はいつまでたっても変わらない」とヒロインに伝えたかったはず。

自分に厳しくするのは、誰にとってもつらいこと。でも、**頭を使って工夫すれば、「いつのまにかつらいことを継続できている」という状態を作りだせる**。

ダイエットなら、冷蔵庫の中を「太らない食品」だけでいっぱいにし、それを全部食べ終わるまで新しい買い物はしない、というのはどう？ どうしても甘いものがやめられないなら、白砂糖を低GI値のココナッツシュガーに置き換えたり、バニラフレーバーのハーブティーを飲むようにしたりなど、代替品を選ぶことで解決できちゃう。

資格試験のために、通勤などの移動時間に必ずテキストを読む、ランチを10分早く切り上げて勉強するなど、日々のすき間に勉強の時間を組み込んでしまう手もあるよ。

こんなふうに無理なくできるマイ・ルールを確立した人から、目標を叶えていけるんだよ。

個性がない、自分がない、野心がない！

遠慮してたら人生は終わってしまう

Enrike
エンリケ

エンリケからの熱いプロデュースを受けているのに、いまひとつ覇気が感じられなかったヒロイン。そこでエンリケは、こんな厳しい言葉を投げかけた。

ひそかに好きだった彼。「思いを伝えたいけれど恥ずかしくてムリ……」と諦めていたら、友だちが告白してあっさりと付き合ってしまった。

内心目指していたポジション。「やりたい人？」って聞かれたときに、「自分が立候補してもいいのかな？」と躊躇していたら、「はい！」と手を挙げた人に決まってしまった。

あなたにもこんな経験はないかな？

でも、**他人に察してもらおうなんて、それはただの甘え**。

やりたいことがあるなら、できるかどうかはさておき、まず「私がやります！」と意思表明をして。そうやって自分を追い込めば、努力もできる。

いつも**「お先にどうぞ」と譲っていたら、人生はあっという間に終わってしまうよ。**

ときには、ガツガツ進んでいく強引さも必要だから。

遠慮ばかりしている人は、今度のお休みの日に「遠慮しない自分になるエクササイズ」を試してみて。その日だけは遠慮せずに過ごす。

たとえば、

・1人で知らない街に行って店員さんに話しかけてみる。
・ちょっと高いけど好きなスイーツを頼んでみる。
・旅先で海を見ながら、友だちに「今、こんなところにいるよ！」とLINEを送ってみる。「今、相手は忙しいかな？」なんて遠慮しないで。
・SNSに自分の正直な思いをつづってみる。

こんなふうに遠慮しない休日を過ごしてみると、少しずつ無駄な遠慮をしない習慣が身についていくから。

幸運の女神は、ほしいものを「ほしい」と素直に言える人に微笑んでくれる。女神から微笑んでもらえるあなたになってね。

計算が足りない！ 一番大事な「気合い」が足りない！

闘争本能がなかったら人間も、生き残れない

Enrike
エンリケ

あともう少しというところで目標達成を逃してしまったヒロイン。エンリケはとても残念がり、こんな言葉を残した。

努力をしたら、本人がまず楽しいし、達成感を得られる。
だから努力はしないよりはしたほうがいい。これは絶対。
ただし、非効率な努力はやめてほしい。
せっかくのあなたのエネルギーと時間がもったいないから。
するべき努力のポイントは2つ。
1つは何に対して努力するのか。

その**努力が成功するかどうかは、努力の対象によって9割決まる**と言われてる。

非効率な努力として多いケースが、好きでもないし得意でもないことに努力すること。

世の中のニーズが全くないことや誰も喜ばないことへの努力も、よくあるケース。

そんな努力は人生を好転させない。

だから、何に努力するかを厳しく選んでほしい。

まわりからのニーズがあること、人が喜んでくれること、魅力を感じてくれることで、自分ができるものに力を注ぐ。

2つめは最短で成果を出せる方法を選ぶこと。

すでに伝えたように、成功している人のやり方をそっくり真似ることがおすすめ。

今の実力で絶対に達成できるゴールを数多く積み重ねる方法もありかも。

これらのポイントを押さえたもの以外はいっさいやらない。

それが、「計算」というもの。

計算しない人は、なんでもかんでもとりあえず努力しようとする。

達成感はあるけれど、努力は実らず、いくらやっても思ったような生活にたどり着けない。

限りある人生、あなたももっと計算高く生きるべき。

答えが書いてあるテストで違う答えを書くな！

結果が出るまで自己流はダメ

Hibiki
響

響からアドバイスをもらったのに、自分のやり方に固執してうまくいかなかったヒロイン。彼女の失敗の本質を、響はこんな言葉で指摘した。

たとえばキャビンアテンダントが飛行機の中で業務を遂行していくにあたり、マニュアルが細かく決まっている。そのマニュアルに沿って全員が動けるよう、常にトレーニングもしている。もしそれぞれが自己流で動いたら、トラブルが頻発するのはまちがいない。あるいは、医師や看護師、介護士といった人の命にかかわる仕事でも、手順が厳しく決まっていて、お互いに随時チェックし合っている。

シェフやパティシエも、レシピを厳守しながら一皿一皿をつくってる。

このように、世の中には変えてはいけないルールの中で回っている世界がたくさんある。そのルールとは、数々の失敗を繰り返す中で確立されてきた、現在の時点でベストなやり方。それなのに自己流を貫こうなんて、驕《おご》りというもの。

「自分のやり方でやりたい」という気持ちもわかる。けれど、**最短で結果を出したいなら、すでに確立されたやり方を徹底的に真似するのが近道**。それらをマスターできるようになったら、少しずつオリジナティを加え、自分のやり方をつくっていく。

時間がかかるし地味かもしれないけれど、これが世の中の成功法則なんだよね。

Enrike Column

叶えたい夢があるなら諦めないで

エンリケ

最高時給26万円、年収3億円。
引退式では、4日で5億円を売り上げた。

今は「伝説のナンバーワンキャバ嬢」と呼ばれるようになった私ですが、18歳でキャバ嬢を始めたころの時給は1500円。猫背で全然パッとしない存在でした。

番組に登場したヒロインをどうにか売れっ子キャバ嬢にしてあげたいと思ったのは、ヒロインと過去の自分を重ねて見ていたからかもしれません。

ダメダメだった私がブレイクできたきっかけは、コツコツ書いていたキャバクラのブログがヒットしたことです。

読者を笑わせたり、元気にさせたりするような内容を一生懸命考えて、2時間くらいかけて書いていました。

仕事をしながら書いていたので大変でしたが、毎日毎日書き続けているうちに私のブログを読んだ人たちが「どんな子なんだろう」「この子に会ってみたい」と全国からお店に来てくれるようになったのです。

男と女を超えた人間性がご指名につながる

わざわざ会いに来てくださったお客様には、絶対に楽しんでもらおう。

そのため、お話しするときはあえて敬語を使いませんでした。

私が気を使いすぎるとお客様も緊張して、心に壁をつくってしまうかなと思ったからです。また「エンリケ」というキャラクターを表現する意味もありました。

男性のお客様にも女性のお客様にも、友だちに話しかけるような感じでけっこう踏み込んだ会話をしていましたが、私は常にリスペクトを持って対応してきたつもりです。

そしてお客様との約束はどんな小さなことでも守りました。

私が元々、義理人情を大事にしていたこともありますし、その場限りの関係というよりも、キャバ嬢とお客様という枠を超えて人間対人間で長いお付き合いをしようと思っていました。まさに「一度人と関わったら、一生」です。

そうやってお客様との信頼関係を積み上げていった先に「ご指名」がありました。

ご指名をいただける理由は、男と女の関係ではなく、私という人間性を支持してもらえたかどうかの結果なのです。

ハッピーでいたらお客様の気持ちがわからないキャバ嬢になっていた

落ち込むことも、たくさんありました。

だけど、どんなにイヤなことがあったり、気分が乗らなかったり、体調が悪かったりしたときでも絶対に出勤したし、何事もなかったかのように接客していました。

体調が悪い、彼氏とケンカしたなどの理由ですぐに休む子は、やっぱり売れません。

キャバクラはいつでも休もうと思えば休めますが、どんなことがあっても逃げずに毎日出勤を重ねる子がのし上がっていく世界です。

「休みたい、逃げたい」という気持ちを乗り越えるには、逆説的なようですがイヤなことをたくさん経験して慣れていくことです。

私もかつては繊細で、誹謗中傷の書き込みをされるだけでひどく傷ついていました。

今はもう慣れてしまったので、びくともしません。

つらい経験を重ねるほど、人のメンタルは強くなっていくのです。

イヤなことがあって心が萎えたときは、本当に応援してくれる友だちやお客様のリアルな声に耳を傾けてください。

私も炎上している最中、お店に会いに来てくれるお客様の励ましがとても嬉しく、こういう方々の声とともに生きていこうと思いました。

私たちはいつもハッピーに生きていきたいと望みますが、ずっとハッピーだったら他者の痛みがわからない人間になってしまうのではないでしょうか。

いろいろな苦労を経験して、やっとお客様のありがたさがわかり、何倍も感謝できるようになりました。

焦らずじっくり築き上げたものは崩れにくい

もしあなたに目標があるなら、「諦めないことが一番大切です」とお伝えしたいです。

何年かかっても何十年かかっても、夢を手放さないでください。

私もキャバクラ嬢を始めたときは自信がなくて、むしろキャバクラ嬢という職業はきらいで苦手で、うまく男性と接することさえできませんでした。

だけど続けていくうちに欲が出て、お店でナンバーワンになりたいとか、愛知県で一番になりたいという目標ができました。

まわりの人からは「無理！」と言われましたが、諦めたらそこで終了になってしまうから、何があっても、どんなことがあっても続けようと、がむしゃらに突っ走ってきました。

その結果、10年かかってナンバーワンの座を手に入れました。

早く売れたほうがお金になりますが、逆に年数をかけて作り上げたものは崩れにくいのです。

だから目の前にあることをしっかりやっていって、コツコツと信頼を積み重ね、人間関係を築いていってほしい。

私はキャバ嬢を始めて15年になります。15年来のお客様がいるというのは、人生においてかけがえのない財産です。

これからもお客様たちからの応援を大切にして、少しでも恩返ししていけたらいいなと思っています。

どんなに小さな目標でも1つ叶えれば自信になります。そうやって自信をつけていきながら、夢を諦めずに追いかけてくださいね。

伝説《でんせつ》のキャバ嬢《じょう》が女《おんな》の子《こ》を大改革《だいかいかく》

「秒《びょう》で変《か》われる」50のルール

from《フロム》 GX《ジーエックス》 —Girls《ガールズ》 Transformation《トランスフォーメーション》—

2023年8月23日　第1刷発行

著者　AbemaTV《アベマティービー》「GX《ジーエックス》」製作《せいさく》委《い》員会《いんかい》

発行人　永田和泉

発行所　株式会社イースト・プレス
〒101-0051
東京都千代田区神田神保町2-4-7
久月神田ビル
Tel. 03-5213-4700
Fax.03-5213-4701
https://www.eastpress.co.jp

印刷所　中央精版印刷株式会社

ISBN 978-4-7816-2213-2